D1754835

Olivier Roy

»Ihr liebt das Leben,
wir lieben den Tod«

Szene: Die Bühne steht.
Tür des Nordens / Cam
du Nörden als Papstau
+ 2.r Tür d. eigenen
Todes: Ihr liebt das Leben zu
sehr

bouvaqu... must...
" " Grumault)

Die heilige Nacht des Grals
Marlashmiral

Ritterschlag: Halt du wirst
nicht mehr Weltoeinmineter
sondern Terrorist!

Die französische Originalausgabe erschien 2016 unter dem Titel
Le djihad et la mort bei Éditions du Seuil, Paris.

Sollte diese Publikation Links auf Webseiten Dritter enthalten,
so übernehmen wir für deren Inhalte keine Haftung, da wir uns
diese nicht zu eigen machen, sondern lediglich auf deren Stand
zum Zeitpunkt der Erstveröffentlichung verweisen.

Verlagsgruppe Random House FSC® N001967

Erste Auflage
September 2017

Copyright © Éditions du Seuil 2016
Copyright © der deutschsprachigen Ausgabe 2017
bei Siedler Verlag, München,
in der Verlagsgruppe Random House GmbH,
Neumarkter Str. 28, 81673 München

Umschlaggestaltung: Rothfos + Gabler, Hamburg
Satz: Ditta Ahmadi, Berlin
Druck und Bindung: GGP Media GmbH, Pößneck
Printed in Germany 2017
ISBN 978-3-8275-0098-4

www.siedler-verlag.de

Dieses Buch ist auch als E-Book erhältlich.

Olivier Roy
»Ihr liebt das Leben, wir lieben den Tod«
Der Dschihad und die Wurzeln des Terrors

Aus dem Französischen
von Christiane Seiler

Siedler

Inhalt

ERSTES KAPITEL
**Dschihadismus und Terrorismus:
Der Todeswunsch**   9

Die neuen Formen des Terrorismus
und des Dschihadismus   24

Wenn der Dschihadismus
den Dschihad ersetzt   26

Terrorismus als Exkommunikation
und Selbstmord   31

Die neuen Radikalen   33

ZWEITES KAPITEL
Wer sind eigentlich diese Radikalen?   37

Das Profil der Terroristen   41

Freunde, Brüder, Frauen   45

Jugendkultur, Delinquenz und Revolte   50

Born again oder Konvertit   53

Das Fehlen »objektiver« Gründe   57

Der Zusammenhang mit den Konflikten
im Nahen Osten   63

DRITTES KAPITEL
Das dschihadistische Imaginäre: Islamisierung der Radikalität   67

Welche Rolle spielt der Islam bei der Radikalisierung?   69

Der Held als Rächer der leidenden muslimischen Gemeinde   73

Die Ummah rächen   74

Der Held und die Ästhetik der Gewalt   79

Tod und chiliastischer Nihilismus   85

Der apokalyptische Diskurs   87

Die Religion der Radikalen: Die Frage des Salafismus   90

Ist der IS salafistisch?   92

Sind die jungen Radikalen Salafisten?   97

Dekulturation des Religiösen und symbolische Gewalt   99

Jugendgewalt: Rebellen auf der Suche nach Sinn   105

Warum die generationsbezogene und revolutionäre Radikalität fortbesteht   105

Der generationsspezifische Nihilismus   110

VIERTES KAPITEL
Aus Bin Ladens Schatten zur Sonne des IS   115

Der Mythos von der »dritten Generation« der Terroristen und vom neuen globalen Dschihad   118

Der IS betritt die Bühne des Nahen Ostens und des Dschihad   121

Der Bruch mit al-Qaida	123
Einmischung in den globalen Dschihad	125
Der (zur Zeit noch) unüberwindliche Widerspruch	128
Islamisierte Räume, tribalisierte Räume	130
Die eigene Logik der Geostrategie im Nahen Osten	133
Warum gibt es den IS dann immer noch?	135

CONCLUSIO
Warten auf al-Godot 139

ANHANG

Anmerkungen	155
Personenregister	167
Sachregister	171

ERSTES KAPITEL
Dschihadismus und Terrorismus: Der Todeswunsch

Die terroristische und dschihadistische Gewalt, die seit rund zwanzig Jahren um sich greift, hat etwas zutiefst Modernes an sich.

Natürlich sind weder Terrorismus noch Dschihad etwas Neues. Verschiedene Formen des »globalisierten« Terrorismus (Schrecken verbreiten, indem man, über alle Staatsgrenzen hinweg, entweder hochsymbolische Ziele oder »unschuldige« Zivilisten ins Visier nimmt) entwickeln sich, beginnend mit den Anarchisten, seit Ende des 19. Jahrhunderts und kulminieren in den 1970er Jahren im ersten synchron operierenden globalen Terrorismus, nämlich in dem Bündnis zwischen Baader-Meinhof-Bande, linksextremen palästinensischen Gruppen und japanischer Roter Armee. Aussagen zum Dschihad finden sich im Koran, und in der muslimischen Welt wird regelmäßig darauf Bezug genommen – besonders mit dem Begriff »Mudschahed«, den sowohl die algerische Befreiungsfront (FLN) als auch die afghanische Widerstandsbewegung benutzte.

Neu ist, dass Terrorismus und Dschihadismus sich mit dem Todeswunsch des Attentäters verbinden. Darum geht es in diesem Buch. Von Khaled Kelkal im Jahr 1995 bis zum Anschlag im Bataclan 2015 jagen sich fast alle Terroristen entweder selbst »in die Luft« oder lassen sich von der Polizei erschießen. Und sie tun dies, ohne einen ernsthaften Fluchtversuch zu unternehmen und ohne dass ihr Tod für die Durchführung ihrer Taten zwingend nötig ist. David Vallat, ein Konvertit aus Kelkals Freundeskreis, der ihm seine Waffe beschafft hatte, drückte es so aus: »Die Regel war, sich niemals lebendig schnappen zu lassen. Sobald Kelkal die Polizisten sieht, weiß er, dass er sterben wird. Er WILL sterben.«[1]

Zwanzig Jahre später legen die Kouachi-Brüder dieselbe Haltung an den Tag. Mohammed Merah [der Attentäter von Toulouse 2012] fasste seine Motivation in den von Osama Bin Laden geprägten und in vielen Abwandlungen oft wiederholten Satz: »Ihr liebt das Leben, wir lieben den Tod.«[2] Der Tod des Terroristen ist von zentraler Bedeutung für sein Vorhaben, er ist also nicht bloß eine seiner Tat innewohnende Möglichkeit oder eine unglückliche Folgeerscheinung. Dieser Todeswunsch findet sich ebenfalls bei den Dschihadisten, die sich dem Islamischen Staat anschließen. Auch sie empfinden das Selbstmordattentat als den bevorzugten Endpunkt ihres Einsatzes.

Dieses systematische Streben nach dem eigenen Tod ist etwas Neues. Die Attentäter der 1970er und 1980er Jahre, egal ob sie mit dem Nahen Osten in Verbindung standen oder nicht, planten ihre Flucht sorgfältig. Die muslimische Überlieferung erkennt zwar die Verdienste des Märtyrers an, der im Kampf stirbt, bringt aber demjenigen, der den Selbstmord anstrebt, keinerlei Wertschätzung entgegen, denn ein solcher Tod greift in den göttlichen Willen ein. Warum suchen Attentäter dann seit zwanzig Jahren mit schöner Regelmäßigkeit den Tod? Was sagt diese Tatsache über den zeitgenössischen islamischen Radikalismus aus? Was sagt sie über unsere Gesellschaften aus? Diese Beziehung zum Tod geht mit einer weiteren Besonderheit einher: Zumindest im Westen (aber auch im Maghreb und in der Türkei) ist der Dschihadismus eine Jugendbewegung, er spielt sich außerhalb des religiösen und kulturellen Bezugsrahmens der Eltern ab, ist aber untrennbar mit der »Jugendkultur« unserer Gesellschaften verbunden. Diese generationsspezifische, ziemlich moderne Dimension ist essenziell und doch keine exklusive Eigenart des heutigen Dschihadismus. Der Aufstand der Generationen begann mit der chinesischen Kulturrevolution. Erstmals in der Geschichte wandte sich eine Revolution nicht gegen eine Klasse, sondern gegen eine bestimmte Altersstufe (der Große Vorsitzende selbst natürlich ausgenommen). Die Roten Khmer und der Islamische Staat sollten diesen Hass auf die Väter wiederbeleben, und auch in der Tatsache, dass überall auf der Welt ganze Bataillone von Kindersoldaten entstehen, ist eine morbide, aber universelle Dimension dieses Hasses erkennbar. Wo auch immer er auftritt, geht dieser gegen die ältere Generation gerichtete Hass zwangsläufig mit einem weiteren gemeinsamen Phänomen einher: der kulturellen Bilderstürmerei. Man vernichtet nicht nur Körper, sondern auch Statuen, Tempel und Bücher – also das Gedächtnis. »Reinen Tisch machen« ist das verbindende Projekt der Roten Garden, der Roten Khmer und der Legionäre des Islamischen Staates. Ein britischer Konvertit des Islamischen Staates hat es so beschrieben:

> »Wenn wir auf die Straßen von London, Paris oder Washington gehen, werden die Folgen noch bitterer für euch werden, denn wir werden nicht nur euer Blut vergießen, sondern auch eure Statuen zerstören, eure Geschichte ausradieren. Und am schlimmsten wird sein, dass wir eure Kinder konvertieren lassen. Sie werden unseren Namen preisen und ihre Vorfahren verfluchen.«[3]

Diese Verbindung zwischen Tod und Jugend ist keine Nebensächlichkeit oder eine rein taktische Frage (ein Selbstmordattentat ist angeblich effizienter, ein Jugendlicher leichter manipulierbar). Zwar ziehen alle Revolutionen junge Menschen an, aber nicht alle diese jungen Leute sind Todessucher oder Bilderstürmer. Die bolschewistische Revolution zog es vor, die Vergangenheit in ein Museum zu verwandeln statt in ein Ruinenfeld, und niemals hat man im revolutionären, islamischen Iran erwogen, Persepolis in die Luft zu sprengen.

Diese todbringende Dimension des Terrorismus hat mit der Geostrategie des vorderen Orients nichts zu tun, die ihrer ganz eigenen Logik folgt. Politisch und strategisch betrachtet ist sie sogar kontraproduktiv. Denn der mit dem Kalifat und dem IS zusammenhängende Todeswunsch (zeitlich nach dem globalen Projekt al-Qaida) macht jede politische Lösung, alles Verhandeln und jegliche Stabilisierung der Gesellschaft innerhalb anerkannter Grenzen unmöglich. Für einen Menschen, der den Tod sucht, gibt es nichts zu verhandeln, und jemand, der den Todessucher unter Umständen zeitweise manipuliert, hat keine Kontrolle mehr über das Räderwerk, das er in Gang gesetzt hat. Die Kulturrevolution, die Roten Khmer, die Lord's Resistance Army in Uganda, die Armeen aus Kindersoldaten in Liberia, der Völkermord in Ruanda – all diese Ereignisse erscheinen uns heute nur noch wie Albträume, die selbst die überlebenden Mörder angeblich nur in einem Zustand von Trance erlebt haben.

Das Kalifat ist eine Wunschvorstellung: Es ist der Mythos von einem ideologischen Gebilde, dessen Territorium sich ständig erweitert. Strategisch ist es eine Unmöglichkeit, und das erklärt unter anderem, warum die Menschen, die sich mit dem Kalifat identifizieren, eher einen Pakt mit dem Tod schließen, als sich mit den Sorgen und Bedürfnissen der Muslime vor Ort zu beschäftigen: Es gibt keine politische Perspektive, es kommen keine besseren Tage, an denen man zumindest in Frieden wird beten können. Zwar ist das Konzept des Kalifats Teil des muslimischen religiösen Imaginären, aber der Todeswunsch gehört nicht dazu. Der Salafismus, dem man doch alles erdenklich Böse unterstellt, verdammt den Selbstmord, weil er sich eine Gott vorbehaltene Entscheidung anmaßt. Vor allem anderen setzt sich der Salafismus die Aufgabe, das Verhalten des Einzelnen zu reglementieren. Er regelt alles, sogar die Anwendung von Gewalt. Ein Salafist sucht nicht den Tod: Seine Obsession ist das Heil, deshalb braucht er das Leben, um sich auf die Begegnung mit seinem Herrn vorzubereiten, und zwar am Ende eines Lebens, das er den Gesetzen und Riten getreu geführt hat.

Ebenso wenig vermögen gesellschaftliche Frustrationen, Proteste und politische Aufstände als Erklärung für diese Form des Terrorismus herzuhalten, der dieses Politische ja geradezu »tötet«, bevor man überhaupt nach den politischen Ursachen der Radikalisierung gefragt hat. Es besteht keine direkte Verbindung zwischen gesellschaftlichen, politischen und religiösen Revolten und dem Übergang zum Terrorismus.[4] Sicher gibt es Ereignisse, die sich als Symptome sozialer und politischer Spannungen erklären lassen; sobald man aber von einem Symptom spricht, erkennt man eine psychologisierende oder metaphysische Herangehensweise an: Handelt es sich tatsächlich um ein Symptom, dann hat man die politische Rationalität hinter sich gelassen.

Schließlich ist der suizidale Terrorismus auch aus einem militärischen Blickwinkel betrachtet nicht effizient. Denn während der »einfache« Terrorismus einer gewissen Rationalität folgt (der Rationalität des asymmetrischen Krieges oder eines »Preis-Leistungs-Verhältnisses«, bei dem einige entschlossene Einzelne einem weit überlegenen Feind empfindliche Verluste zufügen), so ist beim Selbstmordattentat nichts dergleichen der Fall. Dass trainierte Kämpfer nur ein einziges Mal zum Einsatz kommen, ist keineswegs »zweckmäßig«. Die Wirkung dieses Terrors zwingt die westlichen Gesellschaften nicht in die Knie, vielmehr sorgt er dafür, dass sie sich ihrerseits radikalisieren. Und außerdem führt diese Art des Terrorismus zu mehr muslimischen als westlichen Toten. Die Welle des Terrors, die während des Ramadan 2016 den Irak, die Türkei, Saudi-Arabien (sogar Medina), den Jemen und Bangladesch überzog, hat sämtliche Karten neu gemischt: Wie soll man eine solche Offensive noch als Kampf gegen den westlichen Neokolonialismus verkaufen?

Meiner Meinung nach ist ein Schlüssel für die derzeitige Radikalisierung deren systematische Verbindung mit dem Tod; diese nihilistische Dimension ist von zentraler Bedeutung. Ihre Faszination besteht in der Revolte an sich, nicht in irgendeinem utopischen Konstrukt. Gewalt ist kein Mittel, sondern Zweck. Es handelt sich um eine No-future-Gewalt. Wäre das nicht der Fall, dann wäre sie nur eine Möglichkeit unter vielen und eben keine Norm oder bewusste Entscheidung. Natürlich ist das Thema damit nicht erschöpfend behandelt. Es ist durchaus vorstellbar, dass bald noch andere, »zweckmäßigere« Formen des Terrorismus auf der Bildfläche erscheinen werden. Es steht auch zu vermuten, dass diese Form des Terrorismus nur eine vorübergehende Erscheinung ist und dass die Proteste andere, möglicherweise politischere Formen annehmen werden. Schließlich sind die Gründe für den Aufstieg des IS eng mit dem gesamten Kontext des Nahen

Ostens verknüpft, und selbst wenn der IS verschwindet, die grundlegenden geostrategischen Gegebenheiten werden sich nicht ändern: Im Gegenteil, sie werden sich noch zuspitzen, weil das Verschwinden des IS eine Leerstelle hinterlassen wird, die andere in der Region aktive Kräfte besetzen werden. Der IS bringt den Terrorismus nicht hervor, vielmehr schöpft er aus einem bereits vorhandenen Reservoir. Die Genialität des IS besteht darin, dass er den jungen Freiwilligen ein Narrativ zur Verfügung stellt, innerhalb dessen sie sich verwirklichen können. Dabei kommt es dem IS sehr gelegen, wenn Todessüchtige, die mit seinen Zielen nichts zu tun haben, seien es nun Psychopathen, Selbstmörder oder andere Personen, die nicht wissen, was sie tun, sich seines Szenarios bedienen, weil es ihrer Verzweiflung zu einer weltumspannenden Dimension verhilft. Deshalb bevorzuge ich gegenüber der chronologischen Herangehensweise, die in den Taten des IS etwas Unveränderliches am Werk sieht, das sich regelmäßig Ausdruck verschafft (die islamische Gewalt), und deshalb eine Linie vom Koran über Ibn Taimīya, Hassan al-Banna, Sayyid Qutb und Bin Laden bis zum IS zieht, eine synchrone Betrachtung.

Ich versuche also, die heutige islamische Gewalt in ihrem gleichzeitigen Auftreten mit anderen, ihr sehr ähnlichen Formen von Gewalt und Radikalität zu verstehen (Generationenrevolte, Selbstzerstörung, radikaler Bruch mit der Gesellschaft, Gewaltästhetik, Teilhabe des revoltierenden Subjekts an einer weltumspannenden Erzählung, Weltuntergangssekten). Wir lassen zu häufig außer Acht, dass Selbstmordattentate und Phänomene vom Typ al-Qaida oder IS in der Geschichte der islamischen Welt etwas Neues darstellen und nicht allein durch das Erstarken des Fundamentalismus erklärt werden können. Es ist eine Idee, die ich vor Jahren schon entwickelt und insbesondere in einem Artikel, der 2008 erschienen ist, dargelegt habe: »Der Terrorismus ist keine Folge der Radikalisierung des Islam, sondern der Islamisierung der Radikalität.«[5] Den Kern dieser Formulierung entlehnte ich seinerzeit einer Aussage meines Kollegen Alain Bertho (der mir das anscheinend nicht übel nimmt); er hatte in einer Antwort auf die Frage eines Journalisten von Atlantico.fr von der »Islamisierung einer radikalen Revolte« gesprochen. Als »Islamisierung der Radikalität« habe ich mir diesen Ausdruck zu eigen gemacht.[6]

Ohne den Islam damit aus seiner Schuld zu entlassen, ermöglicht diese Formulierung ein Verständnis dafür, warum und wie die jungen Rebellen gerade im Islam das Paradigma für ihre absolute Revolte finden konnten. Die Formulierung trägt der Tatsache Rechnung, dass sich im Verlauf der vergangenen vierzig Jahre ein fundamentalistischer Islam herausgebildet hat, ein Phänomen, dem ich zwei frühere Bücher gewidmet habe: In *Der islamische Weg nach Westen* zeige ich, worin dieser spezifische Fundamentalismus besteht, und in *Heilige Einfalt. Über die politischen Gefahren entwurzelter Religionen* lege ich dar, in welcher Form die Entwicklung jedes religiösen Fundamentalismus am Prozess einer Loslösung der Religion von der Kultur teilhat, ein Prozess, der auch das Christentum betrifft.[7] Ich sage nur, dass der Fundamentalismus nicht die alleinige Ursache dieser Gewalt ist. Dieser Ansatz ist sehr umstritten. Einerseits wirft man mir vor (François Burgat[8]), ich würde die politischen Ursachen der Revolte außer Acht lassen (insbesondere das Erbe des Kolonialismus, die westlichen Militärinterventionen gegen die Völker des Nahen Ostens und die soziale Ausgrenzung der Immigranten und ihrer Kinder). Und andererseits unterstellt mir Gilles Kepel,[9] ich würde die Verbindung zwischen der terroristischen Gewalt und der religiösen Radikalisierung des Islam in der Form des Salafismus nicht wahrhaben wollen. Mir ist indes keine dieser Dimensionen entgangen. Ich sage nur, dass sie nicht hinreichen, uns über die Phänomene, die wir hier untersuchen, Rechenschaft abzulegen; denn von den uns zur Verfügung stehenden empirischen Vorgaben lässt sich keine Kausalkette ableiten (ich komme im zweiten Kapitel darauf zurück). Es gibt eine spezifische Eigenart dieses Terrorismus und des suizidalen Dschihadismus, die sich nicht als bloßes Symptom des Elends der muslimischen Gesellschaften erklären lässt (und dafür ist einerlei, ob dieses Elend ein Resultat äußerer Unterdrückung oder aber der freiwilligen Isolation durch fundamentalistische Religiosität ist). Die allgemeine Problematik des Nahen Ostens und die Frage, wo der Islam im Westen seinen Platz hat, bleiben davon unberührt. Statt die anderen Mechanismen, die am Werk sind, ins Licht zu rücken, verstellt der Terrorismus den Blick darauf: die geostrategische Neuordnung des Nahen Ostens, die schmerzhafte Neuformation der muslimischen Religion im Kontext von Globalisierung und Säkularisierung (die nach einer langen Phase des Stillstands zwingend geboten ist, und zwar innerhalb kürzester Zeit) und schließlich die demographischen und sozialen Veränderungen, die sich aus der jüngsten massiven Einwanderungswelle ergeben.

Deshalb habe ich, zumindest vorerst, die Frage der »religiösen Radikalisierung« beiseitegelassen, sei es auch nur deshalb, weil der Begriff »Radikalisierung« bezogen auf Religion in die Irre führt: Denn er impliziert in der Tat, dass man einen gemäßigten Zustand der Religion definiert. Was aber ist eine

»gemäßigte« Religion? Kann man von einer »gemäßigten« Theologie sprechen? Waren Luther und Calvin »gemäßigte« Theologen? Ganz sicher nicht: Der Calvinismus war zum Beispiel theologisch gesehen »radikal«. Es gibt keine gemäßigten Religionen, sondern nur gemäßigte Gläubige. Aber diese Gläubigen sind nicht zwingend gemäßigt gläubig in dem Sinne, wie unsere Gesellschaft es will, die so säkularisiert ist, dass jegliches Anzeichen von Glauben bestenfalls unpassend und schlimmstenfalls bedrohlich erscheint. Tatsächlich findet zur Zeit eine fundamentalistische Verhärtung der Religionen statt, die der Entfremdung des Religiösen von der Kultur und dem Triumph eines das Religiöse ausschließenden Säkularismus geschuldet ist. Dieses Phänomen ist viel umfassender als das Phänomen der gewaltsamen Radikalisierung, wobei deren beider Ursachen – Dekulturation, Generationsbruch, Globalisierung sowie Konversionen und individuelle Rückbesinnungen auf die religiöse Praxis – sich decken oder nebeneinander bestehen können.

Meine häufig falsch verstandene und insbesondere von anderen Autoren falsch wiedergegebene These lautet, dass gewalttätige Radikalisierung keineswegs eine Folge religiöser Radikalisierung ist, auch wenn sich erstere häufig die Wege und Vorbilder der letzteren zu eigen macht (das ist es, was ich die »Islamisierung der Radikalisierung« nenne). Natürlich gibt es einen religiösen Fundamentalismus, der schwerwiegende gesellschaftliche Probleme verursacht, weil er, angefangen bei Familie, Sexualität und Fortpflanzung, all jene Werte ablehnt, die auf der zentralen Stellung des Individuums und seiner Freiheit in allen Bereichen gründen.[10] Aber er führt nicht zwingend zu politischer Gewalt: Ein Lubawitscher[11] oder ein Benediktinermönch sind eher »absolute« als radikale

Gläubige, sie leben in einer Form sozialer Abgrenzung, aber sie sind nicht politisch gewalttätig. So gesehen sind die meisten Salafisten nicht gewalttätig.

Zurück zur Sphäre des Politischen. Legt man die Betonung darauf, welche Form die Radikalisierung annimmt (die Faszination des Todes), und beachtet weniger die »Ursachen« dieser Radikalität, dann könnte es so aussehen, als wollte man die Politik »derealisieren«. Eine solche »Derealisierung« ist übrigens durch Jean Baudrillards und Faisal Devjis Arbeiten zu akademischen Weihen gekommen.[12] Aber handelt es sich dabei wirklich um Derealisierung, wenn doch Gefühle, das Imaginäre, die Vorstellungen eine zutiefst politische Rolle übernehmen?

So gesehen führte Burgats Einwand (die Motive der Radikalen seien in dem »Leid« zu suchen, das ihnen als Muslime und als Opfer der Kolonialherrschaft, als Opfer des Rassismus, von Diskriminierungen aller Art, amerikanischer Bombardements, Drohnen, des Orientalismus usw. widerfahre) zu der Annahme, die Revolte sei vor allem anderen die Revolte der Opfer. Diese Verbindung von Radikalen und Opfern ist jedoch eher imaginär als real. Die Attentäter in Europa sind weder Bewohner des Gazastreifens noch Einwohner Libyens oder Afghanistans. Sie sind nicht unbedingt die Ärmsten, am meisten Erniedrigten und am schlechtesten Integrierten. Dass 25 % der Dschihadisten Konvertiten sind, zeigt auch, dass die Verbindung zwischen den Radikalen und ihrem »Volk« ebenfalls zur Ordnung des Imaginären gehört oder zumindest, und das ist meine These, wie ein Imaginäres konstruiert ist. Einer der wenigen afghanischen Täter (Omar Mateen, der Mörder von Orlando) hat zur Rechtfertigung seiner Taten kein einziges Mal die höchst realen Hinrichtungen von Talibanführern durch amerikanische Drohnen bemüht, die doch, kurz bevor er im Juni 2016 zur Tat schritt, stattfanden, vielmehr berief er sich auf den virtuellen Islam des Kalifats. Denn auch das Imaginäre ist politisch. Nur der mechanistische Marxismus und die Theorie der rationalen Entscheidung glauben, dass Entscheidungen »objektiv« sind.

Revolutionäre entstammen fast nie der Klasse der Unterdrückten. Ihre Identifizierung mit dem Proletariat, den »Massen«, den Kolonisierten beruht auf einer Wahl, die sich auf etwas anderes gründet als auf ihre objektive Stellung in der Gesellschaft. Vielmehr handelt es sich um eine imaginäre Rekonstruktion ihres In-der-Welt-Seins, und die Revolutionäre bedienen sich einer besonderen Rhetorik, um diese Rekonstruktion in Worte zu fassen. Das ist das existenzielle Drama aller linken revolutionären Bewegungen der 1960er und 1970er Jahre: Nur die wenigsten Aktivisten gehörten diesem virtuellen Proletariat (virtuell, weil sie es nicht kannten) an, für das sie zu sterben bereit waren. Der Maoismus hat zwar nicht den Selbstmord verteidigt, aber den Tod des »alten Menschen« selbst heraufbeschworen, zugunsten einer Wiedergeburt durch den reinigenden Kontakt mit den Arbeitern und Bauern. Bei Wiedergeborenen und Konvertiten stößt man auf ein altes »paulinisches« Thema: Man muss den »alten Menschen« in sich selbst töten, selbst auf die Gefahr hin, den realen Menschen zu töten (Paulus, Römerbrief 6,4 und 6,6).

Man kann also das Politische nur dann begreifen, wenn man sich auch mit der Konstruktion des Imaginären beschäftigt. Bemüht man das Leid als Erklärung für die Radikalisierung, so bezieht man gerade dadurch den Faktor des Imaginären in seine Überlegungen mit ein. Die Revolte leidet am Leid der anderen. Nur sehr wenige Terroristen oder Dschihadisten rechtfertigen sich für ihre Taten mit dem eigenen Lebenslauf. Vielmehr berichten sie immer nur davon, was sie an Leid bei den anderen gesehen haben. Es sind nicht Palästinenser, die im Bataclan um sich schießen: Es ist jemand, der aus der Ferne Videos gesehen hat von den Zerstörungen, die die Israelis in Gaza anrichten. Kein Opfer amerikanischer Bombardements in Afghanistan greift Christen in Pakistan an: Der Angreifer ist ein Pakistani, der meint, überall auf der Welt würde der Islam von den Christen unterdrückt außer – in seinem eigenen Land, wo er selbst der Unterdrücker ist. Vor allem wissen die jungen Leute, die sich in Syrien dem IS in die Arme werfen, nicht bzw. wollen es nicht wahrhaben, dass der IS das palästinensische Flüchtlingslager Jarmuk in Syrien angegriffen hat (im März 2014) und keine marxistischen Kader, sondern Kader der Hamas abgeschlachtet hat, deren militante und islamische Glaubwürdigkeit niemand in Abrede stellen kann und die sich ausgerechnet der Anti-Assad-Koalition angeschlossen hatten. Diese jungen IS-Milizionäre befinden sich automatisch im Kampf gegen die Hisbollah, die 2006 noch der Inbegriff des Kampfes gegen Israel war. Dass der Stern der palästinensischen Sache sinkt, ist übrigens nicht nur unter Dschihadisten der Fall: Seit 2011 fanden im Nahen Osten, von Casablanca über Tunis bis Istanbul, keine großen Demonstrationen für die Palästinenser mehr statt.

Aber die Radikalen besetzen ein imaginäres politisches Feld, und allein deshalb darf man sie nicht einfach als Symptomträger, Kranke oder Psychopaten behandeln. Die Psychologie mag als Herangehensweise nützlich sein, aber sie schließt keine politische Betrachtung des Terrorismus aus, zumal dessen politische Wirkung offensichtlich durchschlagend ist.

Andererseits wirkt die Tatsache, dass die Radikalen auch ein religiöses Regelwerk für sich beanspruchen, auf die Religion selbst zurück; die Religion ist aufgefordert, darauf eine Antwort zu finden, denn nur zu behaupten »Das ist nicht der Islam« oder »Der Islam ist eine Religion des Friedens« ist zu wenig. Die Gewalt im Namen des Islam zwingt also die normalen Gläubigen zur Stellungnahme, sie sollen also selbst etwas zur Neuformation ihrer Religion beitragen (zum Beispiel, wenn sie sich mit den Fragen der Blasphemie, der Apostasie oder der Homosexualität beschäftigen). Es gilt, alle Ebenen gleichzeitig zu bedenken.

Die neuen Formen des Terrorismus und des Dschihadismus

Das Selbstmordattentat wird erst ab 1995 systematisch eingesetzt, es ist aber untrennbar sowohl mit dem Terrorismus als auch mit dem Dschihadismus verbunden, die sich unabhängig voneinander entwickeln und ihre je eigene Herkunft haben. Vor den 1980er Jahren bedienten sich eher nicht-religiöse Gruppen des Terrorismus als Strategie; es gab nationalistische Terroristen, es gab revolutionäre Terroristen, aber beide entstammten einer Tradition, die bis zum Ende des 19. Jahrhunderts zurückreichte. Seit dieser Zeit gehört der Terrorismus zur politischen Landschaft des Westens, von den Anarchisten über die algerische Befreiungsbewegung FLN, die französische Untergrundorganisation OAS bis zur linksradikalen Terrorgruppe »Action Directe«. Er richtet sich gegen symbolische Orte oder tötet Zivilisten mit dem Ziel, Staaten und Gesellschaften zu destabilisieren und so ein Umfeld zu schaffen, in dem sich »die Unterdrückten«, seien es nun Proletarier, Kolonisierte oder Muslime, »ihrer selbst bewusst« werden.

»Es gibt keinen unschuldigen Bourgeois«, erklärte der Anarchist Émile Henry vor Gericht, als sein Bombenattentat im Café Terminus 1894 in Paris verhandelt wurde. Wir müssen nur »Bourgeois« durch »Franzose« ersetzen, und schon sind wir beim Bataclan angelangt.

Auch der Terrorismus, der mit dem Nahen Osten in Zusammenhang steht, ist nichts Neues. Man braucht gar nicht bis zum Algerienkrieg zurückgehen, auch in den 1970er und 1980er Jahren gab es in Europa schon viele Terroranschläge. Aber sie waren Teil von Strategien, die sich gegen bestimmte Staaten richteten und in deren Rahmen um Kräfteverhältnisse gerungen wurde: All diese pro-palästinensischen, pro-iranischen, pro-syrischen, pro-libyschen Attentate reagierten auf die französische Nahostpolitik. Schließlich ist noch nicht einmal das Selbstmordattentat eine islamische Erfindung. Die Tamil Tigers (die Erfinder des Sprengstoffgürtels) haben es seit den 1980er Jahren systematisch eingesetzt.

Tatsächlich bildet sich die Matrix der aktuellen Formen radikaler Gewalt (Dschihad und islamischer Terrorismus) zwischen 1948 und 1981 im Nahen Osten heraus, um Mitte der 1990er Jahre auch in den westlichen Staaten in Erscheinung zu treten. Die Entwicklung verläuft zweigleisig, das heißt in zwei Linien, die sich zwar immer wieder überschneiden, ohne dass man sie aber miteinander verwechseln darf: die Rechtfertigung des Terrorakts und eine neue Definition des Dschihad.

Wenn der Dschihadismus den Dschihad ersetzt

Seit der gescheiterten Offensive der arabischen Staaten gegen Israel im Jahr 1948 (ein Scheitern, das sich noch häufig wiederholen sollte) wird der Dschihad neu gedacht: Er geht aus der Verantwortung der Staaten in die Verantwortung militanter Kämpfer über. Dschihad ist ein Begriff aus dem Koran, aber es führt nicht weiter, wenn man – etymologisch korrekt – behauptet, die eigentliche Bedeutung des Wortes sei »sich Mühe geben auf dem Weg zu Gott«. Die Etymologie ändert nichts an dem Sinn, den Menschen den Wörtern geben: Von Anfang an hat Dschihad auch eine militärische Bedeutung. Seit der Zeit des Propheten ist eine gelehrte juristische Literatur zur Reglementierung des Dschihad entstanden, die verhindern soll, dass er als Vorwand für Revolten dient und innerhalb der Gemeinschaft zur fitna (gewaltsame Zwietracht) führt. Dieses Reglement soll den Herrschern außerdem Kontrolle über äußere Kriege verleihen und gefährliches Säbelrasseln verhindern. Nach der vorherrschenden Meinung der Gelehrten gehört der Dschihad nicht zu den fünf Säulen des Islam; er ist keine persönliche Verpflichtung (fard 'ayn = individuelle Pflicht), sondern eine kollektive; er bezieht sich auf ein fest umrissenes Territorium, das von Nicht-Muslimen bedroht wird, und es beteiligen sich vor allem die Muslime dieses Territoriums daran. Der Dschihad darf sich nicht gegen andere Muslime richten. Er muss von anerkannten religiösen Autoritäten ausgerufen werden. Wer sich ihm anschließen will, muss bestimmte Bedingungen erfüllen (Minderjährige müssen die Einwilligung des Vaters einholen, man darf keine Schulden haben, es muss sichergestellt sein, dass die Familie über Einkommen und Unterstützung verfügt, usw.).

Niemand kann sich selbst zum Dschihadisten erklären. In der Geschichte finden sich kaum allgemeine Aufrufe zum Dschihad. Die Ottomanen gingen sehr sparsam damit um, und der Aufruf zum Dschihad zu Beginn des Ersten Weltkriegs zeitigte in Nordafrika und Britisch-Indien, entgegen aller Absicht, keinerlei Wirkung. In antikolonialen Kämpfen kommt der Begriff wieder in Gebrauch, wird aber immer noch lediglich in regionalem Rahmen verwendet (wie beim Mahdi-Aufstand im Sudan). Der Fall Sinowjew, jenes Repräsentanten der Komintern beim 1920 stattfindenden Kongress der Völker des Ostens in Baku, der in einer flammenden Rede zum Dschihad gegen die Briten aufrief, ist eher kurios zu nennen. Der afghanische Aufruf zum Dschihad nach der sowjetischen Invasion dagegen passt wieder in die klassische Theorie des Dschihad. Aber durch die Nakba des Jahres 1948, also die Niederlage der Araber im Krieg gegen Israel, hat sich die Lage verändert: Staaten und Führer der muslimischen Welt sehen sich außerstande, den Dschihad gegen den jüdischen Staat zu betreiben. Seitdem haben sich bei den Palästinensern zwei unterschiedliche Lager herausgebildet: Die einen verwandelten den Kampf in einen nationalen Befreiungskrieg (daraus wurde die PLO), die anderen glitten in den globalen Dschihad ab (vertreten durch die Hizb ut-Tahrir, die 1953 als palästinensische Befreiungsorganisation gegründet wird, mit der Zeit aber das Ziel eines weltweiten Kalifats unter Führung eines Kalifen mit Sitz in London verfolgt).

Als Dschihadismus bezeichnen wir eine Theorie, die sich seit den 1950er Jahren herausbildet. Bei Sayyid Qutb, einem der wichtigsten islamistischen Denker des 20. Jahrhunderts, ist sie implizit bereits vorhanden, allerdings definieren andere Autoren sie wesentlich klarer: Das gilt für den Ägypter Farag und den Palästinenser Abdallah Azzam, die jedoch zu dem Phänomen, das »Terrorismus« genannt wird, fundamental gegensätzlicher Ansicht sind. Anwar al-Awlaki (ein amerikanischer Staatsbürger, der nach seiner Rekrutierung durch al-Qaida eine dschihadistische Basis im Jemen gründet und 2011 getötet wird) fasst es in einem im Internet kursierenden Text folgendermaßen zusammen:

> Dschihad ist die größte Tat des Islam, und das Heil der Ummah liegt in seiner Realisierung. In solchen Zeiten, wenn die Länder der Muslime von Ungläubigen (kuffar) besetzt sind, wenn die Gefängnisse der Tyrannen von muslimischen Kriegsgefangenen überquellen, wenn Allahs Gesetze in der Welt nicht beachtet werden und der Islam angegriffen wird mit dem Ziel, ihn mit der Wurzel auszureißen, in solchen Zeiten wird der Dschihad für jeden Muslim zur Pflicht. Alle müssen Dschihad machen, ein Kind muss Dschihad machen, sogar wenn seine Eltern es verbieten, eine Ehefrau, auch wenn ihr Mann es ablehnt, ein Schuldner, wenn der Darlehensgeber dagegen ist.[13]

Hier wird Dschihad als individuelle, nicht als kollektive Pflicht definiert, nicht mehr als fakultativ, sondern als im gleichen Maße religiös bindend wie die fünf Säulen des Islam, zumindest dann, wenn ein Teil der Ummah unter dem Joch der Fremden leidet. Es handelt sich um das, was der Ägypter Farag als »unausgesprochene Verpflichtung« auf den Begriff gebracht hatte, die sechste Säule des Islam, die aus einem in seinen Augen unerklärlichen Grund im Koran nicht als solche genannt wird. Von nun an ist der Dschihad eine individuelle, beständige und umfassende religiöse Pflicht. Wir sehen also, dass die

Dschihadisten in diesem Fall die Doktrin ohne Skrupel erweitern und sich von den heiligen Texten sowie den Auslegungen entfernen. Abdallah Azzam kommt zu noch weiter reichenden Schlussfolgerungen.[14] Beim Dschihad geht es nicht einfach um eine Art Militärdienst. Vielmehr ist er eine religiöse und militante Schule. Sein Ziel ist weniger die Eroberung irgendeines Gebiets, sondern eher die Ausbildung eines neuen Typs Muslim, der völlig losgelöst von der Zugehörigkeit zu Ethnie, Nation, Stamm oder Familie lebt. Ein globaler Muslim. Wenn er seinen Dienst abgeleistet hat, wird er nicht mehr ins Zivilleben zurück können. Er ist ein professioneller Dschihadist geworden, ein bisschen nach dem Vorbild der Komintern oder von Revolutionären à la Che Guevara. Dazu gehören eine andere Einstellung zur Ehe und zum Leben in Gemeinschaft, faktisch ein Nomadenleben, eine Abwendung vom konkreten politischen Leben der muslimischen Gesellschaften, die Übernahme von »globalen« Regeln und Lebensweisen (insbesondere der Gebrauch der englischen Sprache). Es handelt sich um das Gegenteil der Lehre Ibn Chalduns, derzufolge »Körper und Geist« in der Anthropologie einer Stammesgesellschaft verankert sind; später werden wir aber noch sehen, dass die Beziehungen zwischen Dschihadisten und Stämmen, von Afghanistan über Falludscha bis Libyen, wesentlich komplexer und verankerter sind, als die offizielle Doktrin der Dschihadisten es gern darstellt.

Es ist wichtig festzustellen, dass dieser Dschihadismus nicht notwendig auch terroristisch ist. Ich habe häufig mit internationalen Dschihadisten Kontakt gehabt, die in den 1980er Jahren nach Afghanistan gekommen und im sogenannten Dienstleistungsbüro (Maktab al-Chidamat), aus dem später, nach der Ermordung Abdallah Azzams (im November 1989), al-Qaida werden sollte, organisiert waren. Unter Azzams Leitung waren sie keine Terroristen und auch keine Selbstmordattentäter (selbst wenn sie sich immer freiwillig an die vorderste Front meldeten). Nie nahmen sie sowjetische Diplomaten oder Zivilisten ins Visier, obwohl diese doch überall in der arabischen Welt präsent waren. Sicher, sie dachten salafistisch und hielten den Afghanen gern Vorträge über den »guten Islam«, obwohl Azzam in *Join the Caravan* strikte Anweisung gegeben hatte, nicht mit der afghanischen Gesellschaft in Konflikt zu geraten. Möglicherweise schließen sich auch heute noch einige junge Leute deshalb dem Dschihad an, vor allem mag das auf all jene zutreffen, die Dschihad und Hidschra miteinander verbinden und von der Idee geleitet sind, als *born again* nicht nur in einem muslimischen Land, sondern auch unter einer »authentisch« islamischen Herrschaft zu leben. Diese Suche nach dem islamisierten Raum geht paradoxerweise mit dem globalisierten Islam einher: Man sucht einen Ort, wo man seinen »reinen Islam« leben kann, einen von jeglicher realen Geschichte, jeglicher traditionellen Kultur losgelösten Ort. Wie wir sehen werden, geht diese Suche nach einer territorialen Nische mit der Zugehörigkeit zum globalisierten Islam einher, natürlich unter der Bedingung, dass diese Nische nicht von einer wirklichen Gesellschaft besetzt ist, die ihre Kultur und ihre Bräuche durchsetzen könnte: Genau das ist anscheinend das Angebot, das der IS macht.

Terrorismus als Exkommunikation und Selbstmord

Während der neue Dschihad in der Nachfolge der Nakba gedacht wurde, wurde der Terrorismus unmittelbar nach der Unterdrückung der Muslimbrüder durch Nasser in den 1960er Jahren konzipiert. Ausgangspunkt ist die Vorstellung des Takfir: Die Radikalen sehen das Problem der muslimischen Welt in der Gottlosigkeit ihrer eigenen Herrscher, die durch die von ihnen vertretene Politik gottlos geworden sind, obwohl sie den islamischen Ritus befolgen. Anfänglich wird das Selbstmordattentat eher als Attentat denn als Selbstmord begriffen. Die Ermordung des gottlosen Herrschers (des »Pharao«) soll im Grunde bewirken, dass das Volk sich seiner selbst bewusst wird und sich erhebt. Dies entspricht dem anarchistischen Modell der Propaganda, der Propaganda durch Tat. Aber diese Strategie geht nicht auf: Die Ermordung Präsident Sadats im Jahr 1981 zieht keinen Volksaufstand nach sich, sondern führt zu verschärfter Repression. Das Volk ist das Opfer derer, die ihr Leben einsetzen, nicht wert. In der Folge wird der Modus Operandi des Attentats, also der Tod des Attentäters, zur Norm. Dieses Streben nach dem Tod (das berühmte »Ihr liebt das Leben, wir lieben den Tod«) wurzelt einerseits im politischen Misserfolg und andererseits in einem tief religiösen Pessimismus, wie er sich in Sayyid Qutbs Werken findet: Die muslimische Gesellschaft ist auf den Stand vor der Offenbarung zurückgefallen (die Dschāhilīya oder Unwissenheit), mit dem Unterschied, dass kein neuer Prophet kommen wird, weil Mohammed bereits die Prophezeiung besiegelt hat, also der letzte Prophet ist. Daher ist das Ende nah. An diese Erkenntnis heftet sich eine apokalyptische, in gewisser Weise nihilistische Dimension: Wenn das Ende naht, dann gilt es eher, an sein eigenes Heil zu denken, als sich die Errichtung einer besseren Gesellschaft zum Ziel zu setzen. Und dieses Heil wird durch den Tod erreicht, das ist der kürzeste und sicherste Weg dorthin.

Dieses Phänomen ist vor allem bei sunnitischen Muslimen zu beobachten. Obwohl auch die jungen iranischen »Freiwilligen des Todes« (Farhad Khosrokhavar hat sie eingehend erforscht[15]) an der Front des Irakkrieges diesen Pessimismus teilten und obwohl auch die Hisbollah Selbstmordattentäter eingesetzt hat, haben Selbstmordattentate bei den Schiiten einen ganz anderen Stellenwert. Die schiitischen Terroristen übten eher eine Art Staatsterrorismus aus, denn sie waren Teil der Staatsstrategie, und die staatlichen Institutionen des Iran hielten die Hand über sie. Sie unterscheiden sich daher fundamental von den Sunniten nicht nur, weil sie sich der staatlichen und territorialen Geostrategie verschrieben haben, sondern auch durch ihre Handlungsweise. Bei ihnen ist das Selbstmordattentat Aktionen mit militärischem Charakter vorbehalten (beispielsweise gegen die westlichen Armeen im Libanon 1982–1983), während Terrorakte gegen Zivilisten im Ausland weiterhin in der klassische Form des Bombenanschlags verübt werden, durch ein Kommando, das nach vollbrachter Tat im Untergrund abtaucht (Buenos Aires 1994, Bulgarien Juli 2012). Außerdem lässt die Schia nicht zu, dass junge Radikale, die sich zu Herren der Wahrheit aufschwingen, ihre eigene »heilige Einfalt« entwickeln. Der Klerus hütet das Wissen, und zwar für alle. Das Prinzip der *marjayya* (geistige Leitung durch die großen Ajatollahs) verbietet dem Gläubigen, seinen eigenen Islam zu erfinden. Der Gläubige kann das Autoritätsprinzip nicht ablehnen: Er kann zwar die Quelle seiner Inspiration wählen, aber er darf sich nicht an deren Stelle setzen.

Die neuen Radikalen

Bis Mitte der 1990er Jahre sind internationalistische Dschihadisten hauptsächlich Einzelpersonen aus dem Nahen Osten, die zuerst zum Dschihad nach Afghanistan gingen, nach dem Sturz des dortigen kommunistischen Regimes (1992) in ihr Heimatland zurückkehrten und entweder dort aktiv wurden oder in andere Länder aufbrachen, in denen zum Dschihad aufgerufen wurde. Diese Männer bewirken die erste Welle »globalisierter« Attentate (1993 erster Versuch eines Anschlags auf das World Trade Center, 1998 Anschläge auf amerikanische Botschaften in Afrika, 2000 Anschlag auf den Zerstörer der US-Marine Cole). Zu dieser ersten Dschihadisten-Generation gehörten Bin Laden, Ramzi Yousef und Scheich Mohammed. Ab 1995 wächst eine neue Generation heran, die man in der westlichen Welt *homegrown* nennt: Selbst wenn nicht alle von ihnen im Westen geboren wurden, sind sie doch verwestlicht. Vor allem haben sie alle keinerlei Verbindungen mehr mit dem Herkunftsland ihrer Familien. Der Anteil an Konvertiten (seit 1995) und Frauen (seit 2012) wächst. Sie betätigen sich weltweit.

Natürlich stellt sich noch ein weiteres methodologisches Problem: Wer ist überhaupt ein Terrorist? Wenn wir davon ausgehen, dass die Mörder im Bataclan und bei *Charlie Hebdo* zu dieser Kategorie gehören (definiert durch ihre Handlungsweise), müssen wir dann auch annehmen, dass alle Teilnehmer am Dschihad, die sich an die syrische Front begeben, potenzielle Terroristen sind (so sehen es die Strafgerichte seit 2015)? Die Mitglieder der Gruppe um Djamel Beghal (1997) waren nicht in Selbstmordanschläge in Europa verwickelt. Im Übrigen jagen sich weitaus mehr Konvertiten an der Front des

Dschihad in die Luft als bei Attentaten in Europa, und Frauen neigen eher dazu, nach Syrien auszureisen, als in Europa aktiv zu werden. Ein wichtiger Unterschied ist, dass viele Dschihadisten im Internet rekrutiert werden oder, genauer gesagt, im Internet nach ihresgleichen oder nach Informationen über den Dschihad suchen, während fast alle Terroristen einer kleinen Gruppe angehören, die bereits Verbindungen zu al-Qaida oder zum IS hat. Aber die Grenzen verschwimmen. Ab 1995 zogen auch Terroristen (die Gang von Roubaix) ins Ausland in den Dschihad (in diesem Fall nach Bosnien), während viele Dschihadisten sich nach ihrer Rückkehr nach Europa zu Terroristen gewandelt haben. Viele, aber nicht alle Terroristen sind zunächst in den Dschihad gezogen, und nicht alle Dschihadisten werden zwangsläufig zu Terroristen; vielleicht liegt es nur daran, dass der IS anscheinend von vornherein eine Auswahl unter den Kämpfern trifft, einige nach der Ausbildung in den Westen zurückschickt und andere für Selbstmordattentate auf dem Kriegsschauplatz bestimmt. Aber gerade weil ausländische Freiwillige, die nach Syrien kommen, vorrangig für Selbstmordattentate ausgewählt werden und weil heutzutage fast alle in Europa operierenden Terroristen dazu ausersehen sind, bei ihrem Einsatz zu sterben, haben die beiden Gruppen zumindest eines gemeinsam: den freiwilligen Tod. Der Dschihadist von heute teilt mit dem Terroristen die Todessehnsucht, und dieser Umstand erlaubt es uns, sie gemeinsam zu betrachten.

Wir stellen also vorläufig die Hypothese auf, die heutigen Terroristen seien eine Untergruppe der Dschihadisten. Es ist die zweite Generation des Dschihad.[16] Die Profile gleichen sich, von Khaled Kelkal bis zu den Kouachi-Brüdern und Abdelhamid Abaaoud, denn sie alle sterben bei der Tat: Sie sprengen sich in die Luft oder lassen sich von der Polizei erschießen, entweder weil sie auf die Polizei gewartet oder weil sie sich nicht um die Organisation ihrer Flucht gekümmert haben. Eine dritte Generation des Dschihad existiert – zumindest derzeit – noch nicht.

ZWEITES KAPITEL
Wer sind eigentlich diese Radikalen?

Dank mehrerer Quellen sind wir in der Lage, das Phänomen der Radikalisierung im Westen zu erforschen. Die meisten davon sind in europäischen Sprachen verfasst, nachdem die Radikalen nur selten das Schriftarabische (und häufig noch nicht einmal die arabische Umgangssprache) beherrschen. In jedem Fall liegt uns eine Liste der im Westen operierenden Terroristen und ihrer Biographien vor. Denn alle Attentäter, die in Europa (und den USA) Anschläge geplant oder verübt haben, wurden von der Polizei identifiziert, ihre Lebensläufe wurden mehr oder weniger ausführlich in der Presse beschrieben. Man weiß ebenfalls, dass die Journalisten sich relativ leicht Zugang zu Quellen aus Justiz und Polizei verschaffen und sie auch ohne zu zögern veröffentlichen. Kurz gesagt, von der Methodik her gesehen braucht es keine umständliche Feldforschung, um etwas über den Werdegang der Terroristen herauszufinden. Material und Profile stehen zur Verfügung. Problematischer wird es erst, wenn es darum geht, etwas über ihre Motivationen herauszufinden. Aber was das betrifft, hat jeder Radikale seine eigene Sprache: Er oder sie äußert sich via Video, Facebook, Whatsapp, twittert, skypt oder chattet, gibt Interviews und ist dabei äußerst mitteilsam. Die Radikalen telefonieren mit ihren Kumpels und Müttern, sie schwingen vor ihrem Tod große Reden, hinterlassen Videotestamente. Wir kennen sie also, auch wenn wir nicht sicher sind, ob wir sie verstehen. Natürlich haben wir mehr Informationen über die individuellen Werdegänge jener Terroristen, die in Europa agieren, als über die Dschihadisten, die in den Krieg ziehen und nicht auf unseren Kontinent zurückkehren. Aber vergleicht man die Lebensläufe der identifizierten Dschihadisten mit denen der in Europa operierenden Terroristen, dann stellt man fest, dass sie sich bis auf wenige Nuancen ähneln; eine Untersuchung durch Studenten der Hochschule Sciences Politiques über in Syrien zu Tode gekommene Franzosen bestätigt das.[17] Uns liegt außerdem eine Datei mit den Namen von 4118 ausländischen Dschihadisten vor, die 2013 und 2014 vom IS rekrutiert wurden.[18] Eine Studie von David Thomson mit dem Titel *Les Français djihadistes*[19] kommt zu demselben Ergebnis, ebenso wie eine Recherche von *Le Monde*.[20]

Ein weiteres methodologisches Problem ist der Vergleich der verschiedenen Länder. In diesem Buch interessieren wir uns hauptsächlich für die Franko-Belgier, aus denen sich das Gros westlicher Dschihadisten rekrutiert. Aber auch Deutschland, Großbritannien, Dänemark und Holland tragen ihren Teil dazu bei.[21] Überall finden sich gemeinsame Charakteristika, aber auch gewisse Unterschiede (großer Anteil von Konvertiten in Frankreich, Deutschland und den USA und nicht ganz so ausgeprägt in Belgien; überwiegend Vertreter der »zweiten Generation« in Frankreich, Deutschland und Großbritannien, während in Belgien schon die »dritte Generation« aktiv ist; in Großbritannien und Dänemark bestehen stärkere Verbindungen zu den Moscheen). Im Verlauf unserer Analyse werden wir auf diese Varianten zurückkommen.

In diesem Buch gehen wir von einer rein französischen Datenbasis aus, die wir selbst zusammengestellt haben. Sie betrifft gut hundert Personen, die in terroristische Aktivitäten in der Hauptstadt involviert und/oder aus Frankreich ausgereist sind, um zwischen 1994 und 2016 am »globalen« Dschihad teilzunehmen. Darunter befinden sich auch all jene, die an den wichtigsten Aktionen in Frankreich oder Belgien beteiligt waren (egal ob gelungen oder nicht).[22] Unsere Analyse kann sich auf diese Daten stützen, auch weil sie von anderen Daten bestätigt werden. Die Lebensläufe von Dschihadisten und Terroristen ähneln einander stark und lassen sich denselben Kategorien zuordnen.

Das Profil der Terroristen

Das typische Bild eines Terroristen gibt es nicht, aber man findet übereinstimmende Merkmale. Zunächst lässt sich feststellen, dass sich die Profile in diesen zwanzig Jahren nicht verändert haben; der erste Homegrown-Terrorist Khaled Kelkal (Region Lyon 1995) und die Kouachi-Brüder (*Charlie Hebdo* 2015) ähneln sich in vielen Fällen erstaunlich: zweite Generation; anfänglich eher gut integriert; eine Zeitlang kleinere Delikte; Radikalisierung im Gefängnis; Attentat und Tod mit der Waffe in der Hand, im Angesicht der Polizei. Im Verlauf dieser zwanzig Jahre bleibt das typische Profil der Terroristen und Dschihadisten bemerkenswert stabil. Es gibt zwei Hauptkategorien: Angehörige der zweiten Generation (60 %) und Konvertiten (25 % unserer Stichprobe); Angehörige der ersten Generation (wie Mohamed Lahouaiej Bouhlel, der Attentäter von Nizza am 14. Juli 2016) und zu einem geringeren Anteil Angehörige der dritten Generation machen 15 % aus. Dass Vertreter der zweiten Generation überwiegen, erklärt sich womöglich aus der Tatsache, dass der Prozess der Radikalisierung zu der Zeit einsetzte, als die Kinder der Einwanderer nach der Familienzusammenführung 1974 volljährig wurden. Allerdings dominiert seit zwanzig Jahren immer die zweite Generation, während die dritte Generation längst erwachsen geworden ist: Warum ist diese weniger radikalisiert? Außerdem sind bei Weitem nicht alle muslimischen Immigranten gleichermaßen repräsentiert: In ganz Europa überwiegen die Maghrebiner (auch in Belgien und Holland) und sind nur wenige Menschen mit türkischer Herkunft darunter, während in Großbritannien der Anteil der Muslime vom indischen Subkontinent unter den Radikalen ihrem demographischen Gewicht zu entsprechen scheint. Auf die Überrepräsentation der »Frankophonen«, über die schon viel geschrieben wurde, werden wir noch zurückkommen.

Ein weiteres, allen europäischen Ländern gemeinsames Merkmal ist, dass die Radikalen fast alles *born again muslims*, also Wieder- oder Neubekehrte, sind, die nach einem sehr profanen Leben (Clubs, Alkohol, Kleinkriminalität) plötzlich zur Religiosität zurückfinden, und zwar entweder individuell oder in einer kleinen Gruppe (nie im Rahmen einer religiösen Organisation). Den Brüdern Abdeslam gehörte die Bar »Les Béguines« (dt. die Beginen, eine christliche Referenz!), wo Alkohol ausgeschenkt wurde, und in den Monaten vor dem Attentat im Bataclan amüsierten sie sich in Nachtclubs. Die meisten der Terroristen begehen ihre Taten in den Monaten nach ihrer religiösen »Wiederbekehrung« oder »Konversion« und in der Regel, nachdem sie Anzeichen für ihre Radikalisierung in »Posts« erkennen oder anderswo durchsickern ließen (Bilal Hadfi, einer der Terroristen, die sich am 13. November 2015 vor dem Stade de France in die Luft sprengten, und Adel Kermiche, Mörder des Priesters Jacques Hamel im Juli 2016, haben beide Waffenfotos auf ihrer Facebook-Seite veröffentlicht). Die hier beschriebenen Verhältnisse und

Charakteristika finden sich in sämtlichen Datenbanken oder Listen, die im Umlauf sind.

Auch die Anschlagsziele haben sich in diesen zwanzig Jahre nicht geändert: öffentliche Verkehrsmittel und Orte des öffentlichen Raums (RER, Parkplatz der Kommissariats in Roubaix, Markt in Straßburg, Bataclan), jüdische (aber keine israelischen) Stätten wie die jüdische Ozar-Hatorah-Schule in Toulouse (Merah), »Gotteslästerer« (*Charlie Hebdo* wurde schon lange vor dem Attentat vom 7. Januar 2015 bedroht). Auch außerhalb Frankreichs sind die Anschlagsziele dieselben: öffentlicher Verkehr (Bahnhof von Madrid 2004, Bus und U-Bahn in London 2005, regelmäßige Attentatsversuche auf Flugzeuge und Flughäfen); Angriffe auf dänische Karikaturisten und auf den holländischen Filmemacher Theo van Gogh. In den USA und in Großbritannien finden sich darüber hinaus individuelle Anschläge, die beinahe zufällig durch eine Person vom Typ »einsamer Wolf« begangen werden (möglicherweise gehören manche Attentate, die von psychisch kranken Personen begangen werden, auch zu dieser Kategorie, beispielsweise die Enthauptung eines Firmendirektors im Département Isère im Juni 2015 durch einen seiner Angestellten, der seine Mimikry an die Terroristen so weit trieb, dass er sich selbst tötete). Auch wenn es überflüssig ist, danach zu fragen, ob die Terroristen verrückt sind, klar ist, dass das Narrativ, das der IS zur Verfügung stellt, auf labile Menschen, die an echten psychischen Problemen leiden, anziehend wirken kann; das war vielleicht bei dem Mörder von Nizza der Fall. Man hält sich nicht mehr für Napoleon, sondern für den IS (andererseits stellen manche labile Personen sich selbst als Opfer des islamistischen Terrors dar und erfinden einen Angriff auf ihre Person). Wahnsinn und Realität liegen nah beieinander.

Um es kurz zu machen: Gilles Kepel irrt sich, wenn er in seinem Buch *Terror in Frankreich*[23] behauptet, im Jahr 2005 zeigten sich in Frankreich Anzeichen einer neuen Strategie des Dschihad, und zwar einer dritten Generation von Terroristen; das trifft weder auf die Anschlagsziele noch auf die Vorgehensweise zu (umso weniger, als alle Attentate im Westen zwischen 2001 und 2015 im Namen von al-Qaida begangen wurden und nicht im Namen des IS, der erst mit Amédy Coulibaly auf der Bildfläche erscheint). Das missglückte Attentat auf den Straßburger Weihnachtsmarkt im Dezember 2000 hatte unterschiedslos alle Franzosen im Visier, und das Attentat am Atocha-Bahnhof in Madrid im Jahr 2004 zielte auf die gesamte spanische Bevölkerung. Man kann allenfalls einen häufigeren Einsatz von Sprengstoffgürteln nach 2005 konstatieren: Aber dabei handelt es sich mehr um einen technischen Fortschritt als einen Strategiewechsel.

Es gibt noch ein weiteres Phänomen, das zeigt, wie relativ homogen die Gruppe der Radikalen ist: die erstaunliche personelle Kontinuität zwischen diesen Netzwerken. In jedem von ihnen gibt es mindestens einen Akteur, der zumindest einen oder sogar mehrere der mit dem vorherigen Netzwerk verbundenen Personen gut kannte. Zwei Fälle seien exemplarisch erwähnt. Chérif Kouachi (*Charlie Hebdo* 2015) hatte im Gefängnis Djamel Beghal kennengelernt (1997 Anführer einer Dschihadistengruppe); er selbst war Mitglied der Gruppe »Buttes-Chaumont« (2004), wo er die Bekanntschaft von Peter Chérif machte, der zu al-Qaida in den Jemen ausreiste und sein Kontaktmann mit dieser Organisation blieb; außerdem war Chérif Kouachi mit Slimane Khalfaoui bekannt (der in das missglückte Attentat auf den Straßburger Markt im Jahr 2000 verwickelt war). Es besteht also eine perfekte Kontinuität von 1997 bis 2015. Ein anderes Beispiel ist Fabien Clain: Der Konvertit aus Toulouse, der von Syrien aus die Verantwortung für die Attentate vom 13. November 2015 übernahm, kannte sowohl Merah (Toulouse 2013) als auch Mohammed Dahmani, die in das Attentat von Kairo im Jahr 2009 involviert waren, bei dem eine junge Französin getötet wurde; Dahmanis kleiner Bruder Ahmed war in Brüssel eng mit Salah Abdeslam befreundet und spielte wie dieser auch eine Schlüsselrolle bei den Terrorattacken vom 13. November und später in Brüssel. Außerdem war dieser Fabien Clain mit Sid Ahmed Ghlam befreundet, einem Mann, der das missglückte Attentat von Villejuif im September 2015 organisiert hatte und dessen konvertierte Freundin Émilie L. danach Farid Benladghem in einer religiösen Zeremonie heiratete; der Bruder dieses Benladghem wiederum wurde der Verbindung zu den Attentätern von Kairo beschuldigt und 2013 von der belgischen Polizei erschossen.

Freunde, Brüder, Frauen

Die Art und Weise, wie sich radikale Gruppen formieren, ist praktisch immer identisch. Manchmal bilden sie sich um eine starke Persönlichkeit herum (Christophe Caze im Fall Roubaix, Olivier Corel, Djamel Beghal), manchmal ist es ein eher gleichberechtigter Prozess: Mehrere Gruppenmitglieder brechen in den Dschihad auf (nach Bosnien, Afghanistan, Jemen, Syrien) und stellen danach die Verbindung der Gruppe zu einem »Zentrum« sicher (al-Qaida, IS). Die Struktur der Gruppe ist immer gleich: eine Gruppe Kumpels oder Freunde, die sich mal seit der Kindheit kennen, mal im Gefängnis oder auch in einem Ausbildungslager begegnet sind. Bemerkenswert ist, wie viele Geschwister sich darunter befinden, ja, sie werden sogar, wenn ursprünglich keine Geschwisterbeziehung besteht, durch Heiraten mit der Schwester des Freundes regelrecht hergestellt. Dazu gehören unter anderem die Brüder Courtailler, Clain, Granvisir, Bruder und Schwester Bonté, die Brüder Drugeon, Bons, Belhoucine, Kouachi, Abdeslam, Abaaoud, die beiden Merah-Brüder und ihre Schwester, die Brüder Benladghem, Aggad, Dahmani, Bakraoui, Abrini, das macht fünf Brüderpaare (sogar sechs, falls man Abaaoud mitzählt, dessen einer Bruder sich in Syrien befindet) allein in der Terrorzelle Bataclan-Brüssel, was der Hälfte der Protagonisten entspricht.

Dass Brüderpaare so überrepräsentiert sind, kann kein Zufall sein, zumal sich dieses Phänomen in keinem anderen Kontext von Radikalisierung findet, weder bei der extremen Linken noch bei anderen islamistischen Gruppen. Es zeigt vielmehr, wie wichtig die Generationenfrage für die Radikalisierung ist: Man befindet sich unter »Gleichen« und ignoriert die Worte der Väter, umso mehr, als man derselben »Jugendkultur« anhängt, die von der IS-Propaganda übersteigert wird.

Die Generationenfrage ist von zentraler Bedeutung: Die »Jugend« lehnt die Autorität ihrer Eltern ab und damit natürlich auch deren Verständnis des Islam. Der Konvertit David Vallat schreibt, der Diskurs der Prediger ließe sich so zusammenfassen: »Der Islam deines Vaters ist der Islam, den die Kolonialherren genehmigt haben, der Islam derer, die buckeln und gehorchen. Unser Islam aber ist der Islam des Soldaten, des harten Mannes, des Widerstandskämpfers.«[24] Übrigens sind die Radikalen auch häufig Waisen (die Kouachi-Brüder) oder Kinder aus einer dysfunktionalen Familie (die Zarnajew-

Brüder lebten von ihren Eltern getrennt). Sie revoltieren nicht unbedingt gegen ihre Eltern persönlich, sondern gegen das, was diese repräsentieren: die Erniedrigung, die Konzessionen an die Gesellschaft und ihre von den Kindern so wahrgenommene religiöse Unwissenheit. Im Grunde kehren sie das Verhältnis der Generationen um: Sie »wissen es besser« als ihre Eltern oder behaupten das zumindest. Sie schwingen sich zu Hütern der Wahrheit auf, versuchen sogar, ihre Eltern (wieder) zu bekehren. Die Kinder sterben zwar vor den Eltern, sichern ihnen aber dadurch Heil und ewiges Leben, denn durch ihr Opfer sorgen sie dafür, dass ihre Angehörigen trotz ihres sündigen Lebens ins Paradies kommen. Die Terroristen sind in gewisser Weise die Erzeuger ihrer Eltern.

Ein weiteres Charakteristikum ist, dass viele der Terroristen verheiratet sind und in den Monaten vor ihrer Tat Väter werden – wie der britische Konvertit Jermaine Lindsay oder auch Omar Mostefai (Bataclan 2015). Sehr häufig tritt das Phänomen bei den Dschihadisten auf, die im Kampf sterben; sie lassen Dutzende »schwarze Witwen« und junge »Löwenkinder« zurück. Auf diese Art vermachen sie ihre Kinder der Organisation.

In allen Fällen ist die Kernfamilie »modern«: ein Ehepaar mit ein bis drei Kindern. Die Ehepartner wählen einander selbst (oder werden einander von Altersgenossen vorgestellt), es gibt also keine traditionelle Großfamilie, in der die Braut durch die Familie bestimmt wird. Mohammad Sidique Khan (London 2005) hat mit seiner Familie gebrochen, um seine Cousine zu heiraten. Sehr oft sind die Bräute Konvertitinnen. Das Paar bildet sich außerhalb der Gemeinschaft, aber vor dem Hintergrund eines gemeinsamen ideologischen Projekts. Die einzige bemerkenswerte Entwicklung im Profil der

Radikalen seit 1995 besteht drin, dass der Anteil der, häufig noch sehr jungen, Frauen gestiegen ist. Die meisten handeln keineswegs unter psychischem Druck, sondern sind überzeugte Anhängerinnen des Dschihadismus. Die Pasionaria und Inkarnation dieser dschihadistischen Frauen ist Malika el-Aroud, deren Mann sich beim Attentat auf den Kommandanten Massoud im September 2001 in die Luft gesprengt hat; sie ist die Verfasserin eines der meistgelesenen Bücher, das in den Internetkanälen kursiert (auf Französisch *Les Soldats de Lumière*,[25] also »Soldaten des Lichts«). Die Anziehungskraft des Dschihad auf die Frauen mag paradox erscheinen: Sie können den Tod nur stellvertretend erleiden. Aber ihre Briefwechsel zeigen, wie sie sich in dieser Logik, die Militanz mit Unterordnung verbindet, einrichten.[26]

Dass die Anzahl der Frauen steigt, wird dadurch ermöglicht, wenn nicht gar provoziert, dass der IS (im Gegensatz zu al-Qaida) zum Dschihad mit der ganzen Familie auffordert. Darin äußert sich das seit den Anfängen des Dschihadismus herrschende Bestreben, zwecks Schaffung einer neuen, von einer Tabula rasa ausgehenden, Gesellschaft einen neuen Typus des Homo islamicus ins Leben zu rufen, also einen von sämtlichen nationalen, stammesmäßigen, rassischen oder ethnischen, ja sogar familiären und affektiven Zugehörigkeiten befreiten, wahrhaft entwurzelten Menschen. Wie wir gesehen haben, gehen Ikonoklasmus (die Zerstörung von Kulturgütern) und Familialismus dabei Hand in Hand.

Diese autarke Seite der Gruppe ist interessant, weil sie deutlich zeigt, wie weit sich die Gruppe von der eigentlichen muslimischen Gesellschaft entfernt hat. Von Anfang an leben ihre Mitglieder in einer Gegengesellschaft, einer virtuellen im Westen und einer realen auf dem Territorium des Kalifats.

Diese »Marginalisierung« manifestiert sich darin, dass häufig auf die Hidschra Bezug genommen wird, die ebenfalls eine Trennung vollzieht: Der Held reinigt sich, indem er das Land, in dem er lebt, verlässt. Häufig nimmt er dabei seine kleine Kernfamilie mit: das heißt, nur das Paar mit seinen Kindern, niemals die erweiterte Familie. Insofern müssen die Frauen sich darauf einlassen. Auch was das betrifft, liegt der Grund für dieses Verhalten der neuen Gläubigen nicht in einem Studium von Texten: Während in den dschihadistischen Texten der 1980er Jahre Frauen mit keinem Wort erwähnt wurden, spielen sie hier plötzlich eine Schlüsselrolle, und das ganz einfach deshalb, weil der Dschihadist von heute in einer heutigen Gesellschaft lebt. Er teilt zwar nicht die Werte dieser Gesellschaft, sehr wohl aber ihre Soziologie: Das Paar ist wichtig. Weil sich die Soziologie des Dschihadisten und sein Verhältnis zur Gesellschaft verändert haben. Deshalb begibt er sich häufig gemeinsam mit seiner Ehefrau auf den Weg der »Entsozialisierung«, mit dem Ziel, zusammen mit seinen Waffenbrüdern und -schwestern eine Mikrogesellschaft aufzubauen. Er stammt aber aus Gesellschaften, in denen die Frauen emanzipiert sind: Selbst wenn alle »Schwestern« Schleier tragen und von Herzen die Illusion der Gleichheit von Mann und Frau verdammen, kommen sie doch alle aus »modernen« Gesellschaften. Daher rührt die Theorie von der »Gehirnwäsche«, dank derer sich Eltern die Entscheidung ihrer Kinder und vor allem ihrer konvertierten Töchter erklären können: Unmöglich, dass meine Tochter freiwillig den Weg in die »freiwillige Knechtschaft«[27] gewählt hat. Dabei entgeht den Eltern die Dimension der persönlichen Freiheit und der politischen Entscheidung, die diese Frauen für sich in Anspruch nehmen – eine Debatte, die auch hinsichtlich der »schwarzen Witwen«

(tschetschenische Frauen, die sich in die Luft sprengen) und der neuen Welle der einsamen Radikalisierung palästinensischer Frauen[28] geführt wird.

Jugendkultur, Delinquenz und Revolte

Schließlich, auf diesen Punkt werden wir später noch kommen, ist die Mehrheit der Radikalen tief verwurzelt in der heutigen »Jugendkultur«, und zwar nicht nur, was die Kommunikationstechniken betrifft (ein schon häufig betonter Aspekt), sondern auch in anderer Hinsicht. Das ist alles bekannt: Sie gehen aus, reißen Mädchen auf, rauchen und trinken (die Abdeslam-Brüder illustrieren das perfekt: Salah Abdeslam lässt die Nacht des 13. November 2015 in einem besetzten Haus ausklingen, wo die dort anwesenden Jugendlichen ihn ganz normal finden, also ähnlich wie sie selbst). Den Daten zufolge, die mir vorliegen, haben fast 50 % der Terroristen eine Vergangenheit als Kleinkriminelle, was auch auf Deutschland und die USA zutrifft (inbegriffen eine erstaunlich hohe Zahl von Verhaftungen wegen Trunkenheit am Steuer – ein weiteres Zeichen für ihre kaum vorhandene Religiosität).[29]

Ihre Kleidungsgewohnheiten entsprechen ebenfalls denen der jungen Leute von heute: Markenklamotten, Baseball-Caps, Kapuzen, Streetwear also, die noch nicht einmal in ihrer islamischen Variante getragen wird. Und Bärte sind heutzutage kein Zeichen von Frömmigkeit mehr. (Daran sieht man, dass sich die Mode in alle Richtungen verändert: Der Bart war als Zeichen religiöser Radikalisierung so verpönt, dass manche Schuldirektoren ihn in der Folge des Schleierverbots 2004 am liebsten ebenfalls verboten hätten; seitdem aber ist das

Barttragen unter allen jungen Leuten in Mode gekommen.) Nie tragen sie salafistische Kleidung – und das nicht nur, um unbemerkt zu bleiben (auch wenn den Militanten, die unauffällig agieren wollen, von salafistischer Kleidung abgeraten wird), denn aus ihrer (Wieder-)Bekehrung zum Islam machen sie ansonsten kein Geheimnis.[30]

Auch ihr Musikgeschmack entspricht dem ihrer Zeit: Sie mögen Rap, gehen in Clubs. Eine zentrale Identifikationsfigur der Radikalisierung ist der deutsche Rapper Denis Cuspert (alias Deso Dogg, später Abu Talha al-Almani), ein Mischling, der in Syrien getötet wurde. Ihr Wechsel zum Islam drückt sich dadurch aus, dass sie sich ein anderes Musikgenre zu eigen machen, nämlich den Naschid, das ist ein A-capella-Gesang, von dem hier noch die Rede sein wird, der aber ebenfalls nicht spezifisch salafistisch ist. Natürlich mögen die neuen Radikalen Videospiele und amerikanische Gewaltfilme – etwa *Scarface* von Brian de Palma (1983). Die zweite Ausgabe der IS-Zeitschrift *Dabiq* verwendet Bilder aus dem Film *Noah* von Darren Aronofski (2014), um einen Artikel über die Sintflut zu illustrieren.

Auch auf diese Gewaltkultur werden wir noch zu sprechen kommen (Kampfsportcenter, Selfies mit Waffen). Man darf aber nicht vergessen, dass ein solches Verhältnis zur Gewalt nicht zwingend zu Dschihad und Terrorismus führt, sondern zum Beispiel auch zum Bandenkrieg in Marseille. Ebenso kann sie in andere Bahnen gelenkt werden, entweder durch staatliche Institutionen (Merah wollte in die Armee eintreten)[31] oder durch Sport (Mourad Laachraoui, dessen Bruder Najim einer der Terroristen war, die im März 2016 am Anschlag auf den Flughafen Brüssel-Zavantem beteiligt gewesen sein sollen, wurde zwei Monate nach dem Attentat Europameister im Taekwondo). Eine Gruppe konvertierter, in London lebender Portugiesen (die meisten stammen aus Angola), die bereit waren, sich dem IS anzuschließen, hatte sich bei einem Thaibox-Club angemeldet (Muay Thai), gegründet von einer britischen NGO, die sich – ausgerechnet – für die Integration von Immigranten einsetzte.[32] Kampfsportclubs sind für die Sozialisation von Dschihadisten wichtiger als Moscheen. Es gibt sogar eine Gruppe belgischer dschihadistischer Biker und Manga-Fans, die Kamikaze-Riders, deren Mitglieder mehrheitlich aus Marokko stammen und deren Name ein gutes Beispiel für den globalisierten Islam abgibt. Dieser 2003 in Anderlecht gegründete Motorradclub veranstaltete illegale Rennen auf dem Brüsseler Autobahnring und trat in verschiedenen Rap-Videoclips in Erscheinung. 2012 und 2013 aber werden einige seiner Mitglieder im Rahmen des Prozesses gegen Sharia4Belgium wegen Terrorismus verurteilt. Ende 2015 werden zwei Mitglieder des Clubs unter dem Verdacht verhaftet, zu Silvester ein Attentat in Brüssel geplant zu haben.[33]

Die Radikalen sprechen immer die Sprache des Landes, in dem sie leben, in unserem Fall Französisch. Häufig sprechen sie Slang und gehen nach ihrer Wiederbekehrung zur salafistischen Version ihres Vorstadfranzösisch über.[34] Sie sind in der Jugendkultur tief verwurzelt und haben zugleich sehr häufig eine Vorgeschichte als Kleinkriminelle (vor allem Drogenhandel, aber auch Gewaltdelikte oder, seltener, bewaffneter Überfall). Der Aufenthalt im Gefängnis bringt sie mit radikalisierten Gleichaltrigen zusammen, jenseits aller institutionalisierten religiösen Zusammenkünfte. Die Rolle des Gefängnisses wurde von Farhad Khosrokhavar erschöpfend erforscht, so dass wir darauf nicht im Detail eingehen müssen.[35] Es reicht festzustellen, dass das Gefängnis einige Phänomene verstärkt: die Generationenfrage, die Revolte gegen das System, die Verbreitung eines vereinfachten Salafismus, die Bildung einer eng zusammengeschweißten Gruppe, Suche nach Würde, verbunden mit Respekt vor dem Gesetz, Neuinterpretation der Kriminalität als legitimer politischer Protest (ein Klassiker der Linksextremen, deren »Revolutionssteuer«, die durch Banküberfälle erhoben wurde, nun durch die *ghanima*, die zulässige Beute, die man dem Ungläubigen abnimmt, ersetzt wird).

Born again oder Konvertit

Eine weitere Gemeinsamkeit der Radikalen ist ihre Entfremdung von ihrer unmittelbaren Umgebung. Bei der Lektüre der umfassenden Presseberichterstattung über die Attentate fällt einem eine immer gleiche Erzählstruktur ins Auge: Überraschung und Unglauben der Familie, Freunde und Nachbarn. Sobald ein Name bekannt wird, eilen Journalisten in das Stadtviertel, wo der Terrorist wohnte, klingeln an Türen, sprechen mit Eltern, klappern Bars und die unmittelbare Umgebung der Moscheen ab. Und bekommen fast immer dasselbe Lied zu hören: »Wir verstehen das nicht, er war nicht gläubig, er trank Alkohol, er ging aus ... Ach ja, seit ein paar Monaten sprach er über die Religion.« Egal zu welchem Zeitpunkt die Radikalisierung wirklich einsetzte und wie sehr die jungen Radikalisierten um Verschleierung bemüht waren, die Äußerungen zeigen, dass die Radikalisierung sich außerhalb des gewohnten Milieus dieser jungen Leute abspielte. Sie sind nicht die Avantgarde einer gemeinschaftlichen Radikalisierung. Sie lebten in keinem besonders religiösen Umfeld. Sie hatten ein ambivalentes Verhältnis zur Moschee in ihrer Nachbarschaft: Entweder tauchten sie nur sporadisch dort auf, oder man hatte sie ausgeschlossen, weil sie den dort praktizierenden Imam beleidigt hatten. Keiner von ihnen hatte zu den Muslimbrüdern gehört (in Frankreich: zur Union der islamischen Organisationen), keiner hatte sich bei muslimischen Wohltätigkeitsorganisationen engagiert, keiner hatte gepredigt und Anhänger geworben, keiner war Mitglied eines Solidaritätskomitees mit den Palästinensern und schließlich hat, soweit ich weiß, keiner an den Revolten im Jahr 2005 teilgenommen. Kurz, hinter den Terroristen steht keine soziale oder politische Bewegung, die möglicherweise ihre Ideen und Projekte unterstützt, ohne ihre Aktionsformen unbedingt gutzuheißen (ausgenommen die oben erwähnten kleinen Gruppen wie Sharia4Belgium ...).[36] Anscheinend gibt es keine religiöse Bewegung, die sie zunächst in religiöser Hinsicht radikalisiert hat, ehe sie sich dem Terrorismus zuwandten. Falls religiöse Radikalisierung stattgefunden hat, dann jedenfalls nicht im Rahmen salafistischer Moscheen, sondern individuell oder in einer kleinen Gruppe.

Nur in Großbritannien gibt es Ausnahmen von dieser Regel, dort existiert ein Netzwerk militanter Moscheen um Mitglieder der Gruppe al-Muhajiroun herum (angeführt von dem Syrer Omar Bakri Mohammed), aus dem eine noch radikalere Gruppe entstanden ist, die sich Sharia4UK nennt und von Anjem Choudary geleitet wird. Außerhalb des Vereinigten Königreichs finden sich hier und dort kleine, sehr radikale Gruppen (etwa Sharia4Belgium bzw. in Frankreich Forsane Alizza), sie dienen aber eher als Durchgangsstation und haben im Terrorismus bisher keine tragende Rolle übernommen.

Die Frage ist also, wie sich der Übergang zur Religiosität bei den Dschihadisten vollzieht: Er geschieht außerhalb des gemeinschaftlichen Rahmens, biographisch spät, ziemlich plötzlich und geht der Tat nur kurze Zeit voraus. Dieser Befund stützt sich nicht nur auf Polizeiprotokolle und journalistische Recherchen sondern auch auf Zeugnisse ihrer Kampfgefährten. Die Frau von Omar al-Faransi beschreibt den Sachverhalt so:

Vorher lebte er, wie viele Brüder und Schwestern, die Allah geleitet hat, in Dunkelheit, weil er nichts von der wahrhaften Tauhīd wusste. Ebenfalls wie viele andere hielt er sich für einen Muslim mit Leib und Seele, weil das sein Bekenntnis war, aber er lebte lange Zeit im Zustand des Irrtums. Er hatte einen Freund und Bruder, den er sehr gern mochte und den er seit seiner Ankunft in Al-Sham suchte, aber nicht finden konnte, weil dieser noch in Frankreich weilte. Dieser Bruder hat ihm sehr geholfen zu verstehen, was der Islam wirklich ist: die totale Unterwerfung unter Allah durch Tauhīd und Gehorsam. Er kam zu der Erkenntnis, die einzige Möglichkeit, diesen Islam zu verwirklichen, sei das Opfer seines Körpers und seiner Seele im Dienste seiner Religion, damit er die höchste aller Belohnungen erhalte. Er wartete fünf Jahre lang, aber – gelobt sei Allah – als er erwachte, verlor er keine Zeit und schob keine Entschuldigungen vor … Manche unserer Ehemänner hatten eine lange Dschāhilīya, ein Leben vor dem Islam – Allah möge ihnen vergeben –, aber seht, wie sich alles für sie zum Guten gewendet hat, gelobt sei Allah.[37]

Zusammengefasst bedeutet das vorher Gesagte: Das typische Profil des Radikalen ist das eines jungen Mannes der zweiten Generation oder eines Konvertiten, der häufig in kleinere Straftaten verwickelt ist, fast nie eine religiöse Erziehung genossen hat, aber eine schnelle und nicht weit zurückliegende Konversion durchlaufen hat, meistens innerhalb einer Freundesgruppe oder durch das Internet und nicht in einer Moschee; er stellt seine Religiosität zur Schau, macht nur selten ein Geheimnis daraus (keine Taqīya), aber diese Religiosität muss nicht zwingend in offensichtlicher Frömmigkeit bestehen. Über den Bruch spricht er in drastischen Worten (der Feind ist der Kafir, mit dem keine Kompromisse möglich sind), und er betrifft auch die Familie, der er eine falsche islamische Religionspraxis vorwirft (oder ihre Weigerung zu konvertieren), sowie Muslime, die sich nur so nennen, aber nicht aufbegehren. Kurz, die Radikalisierung steht für einen Bruch, der für Freunde und Verwandte oft unverständlich ist (daher die beiden widersprüchlichen Deutungen: entweder handelt es sich um die Wiederkehr des Verdrängten – eines Muslims oder Subjekts der Kolonisierung – oder um Gehirnwäsche).

Zugleich ist klar, dass die Entscheidung der Radikalen, sich mit dem Dschihad zu identifizieren und sich auf eine radikale islamistische Organisation zu berufen, kein reiner Opportunismus ist: Zentral ist dabei, dass sie sich auf den Islam beziehen, wenn sie zur Tat schreiten, denn genau das macht den Unterschied zu anderen Formen der Jugendgewalt aus. Nimmt man, wie ich, die übergreifende Bedeutung der Gewaltkultur in den Blick, so bedeutet das nicht, dass man den Islam aus der Verantwortung entlässt: Ihre Wahl des Islam als Struktur für ihr Denken und Handeln ist fundamental, und es ist genau diese »Islamisierung der Radikalität«, die wir hier zu verstehen versuchen.

Bevor wir uns aber wieder dieser Frage zuwenden, wollen wir noch einige andere mögliche Ursachen und Motivationen, sich zu radikalisieren, betrachten.

Das Fehlen »objektiver« Gründe

Abgesehen von den bereits erwähnten gemeinsamen Merkmalen (zweite Generation, Konvertiten, häufig kriminelle Vergangenheit, späte Rückwendung zur Religion) findet sich keine Übereinstimmung sozioökonomischer oder psychologischer Indikatoren, mithilfe derer man die Motivationen der Radikalen verstehen könnte.

Es gibt kein typisches soziales oder ökonomisches Profil der Radikalisierten. Natürlich stammen sie häufig aus den Vorstädten, das liegt aber einfach daran, dass die Angehörigen der zweiten Generation dort die Mehrheit bilden. Mit Sicherheit ist das sogenannte Elend der Jugendlichen in den Vorstädten Teil des offensichtlichen Ressentiments, das die Radikalisierten gegen die westliche Gesellschaft, in der sie leben, aufstachelt. Aber man sollte sich hüten, die Geschichte im Nachhinein umzuschreiben, nach der Art von Gilles Kepel, der zwischen dem Algerienkrieg, den Demonstrationen der sogenannten Beurs, also der Araber aus Nordafrika, im Jahr 1983, den Attentaten 1995, den Revolten 2005, der Unterstützung für die Palästinenser, dem Tragen des Schleiers, dem wachsenden Verzehr von halal geschlachtetem Fleisch und sogar den Demonstrationen gegen das Arbeitsgesetz der Ministerin El Khomri 2016 eine Kontinuität herstellt, kulminierend im aktuellen Terrorismus, auf den der ständige Prozess von Scheitern bzw. Verweigerung der Integration seiner Meinung nach hinausläuft.[38] Die einzige real vorhandene Gemeinsamkeit dieser Kontinuität ist das vage Etikett »junge Leute muslimischer Herkunft«, sie leitet sich also aus einem ethnischen Nominalismus her, der den Radikalismus zur logischen Konsequenz aller Formen sozialen Protestes und religiöser Erweckung erklärt, die junge Leute mit Migrationshintergrund betreffen können. Die Kontinuität ergibt sich aber nur dann, wenn man alle Revolten systematisch islamisiert: Die Revolten im Jahr 2005 waren jedoch, wie alle städtischen Revolten, im Wesentlichen ein Protest der Jugend gegen das Verhalten der Ordnungskräfte, die man beschuldigte, für den Tod mehrerer jugendlicher Kleinkrimineller verantwortlich zu sein: Der Unfalltod der Jugendlichen Zyed und Bouna hat die Aufstände von 2005 ausgelöst – und gerade nicht der Wurf einer Tränengasgranate auf eine Moschee, denn das geschah nur am Rande und erst nach Ausbruch der Krawalle. Es wird immer wieder zu solchen Aufständen kommen, aber sie sind nie »islamisiert«.

Die Tatsache, dass zwischen den verschiedenen Formen der Revolte keine Kontinuität besteht, erklärt, warum es nur so wenige Terroristen gibt, warum der Terrorismus nur einige in sich geschlossene Gruppen betrifft, die sich vermehren oder aber opponieren, ohne aus dem außerhalb liegenden sozialen Leben zu schöpfen, warum die Lebensläufe der verschiedenen sozialen, politischen und religiösen Akteure sich untereinander kaum und schon gar nicht mit denen der Terroristen überschneiden, warum so viele Konvertiten darunter sind, warum die Landkarte der Radikalisierung sich nicht mit der Kartierung der Problemviertel deckt (außer im Fall von Molenbeek, allerdings muss man auch hier die Bezeichnung »salafistisches Ghetto« sehr in Frage stellen, denn allen, die wirklich dort waren – der Schreiber dieser Zeilen eingeschlossen – muss sie absurd vorkommen); vor allem ignoriert diese vereinfachende Erklärung komplett alle Lebensläufe, die nicht mit dem als vorherrschend definierten Modell übereinstimmen. Sie macht den Terrorismus zur Konsequenz eines Scheiterns von Integration (folglich zur Voraussetzung eines kommenden Bürgerkriegs) und würdigt in keiner Weise die große Anzahl integrierter und sozial aufsteigender Muslime. Dazu nur eine Randbemerkung: In Frankreich gibt es weitaus mehr Muslime in den Sicherheitskräften als im Dschihad. Die islamische Seelsorge in der französischen Armee vermeldet, dass 10 % der französischen Armeeangehörigen sich als gläubige Muslime bezeichnen, das ergibt acht- bis zehntausend Personen.[39] Legt man bei der Analyse der Entwicklung von Bevölkerungsanteilen mit islamischer Herkunft systematisch den Fokus auf abweichendes Verhalten, lässt man Formen von Integration bei Muslimen und von kollektiver oder individueller Revolte bei Nicht-Muslimen außer Acht, die in den Aufständen von 2015 und 2016 besonders deutlich zutage traten. Zwischen den »dunkelhäutigen« Akteuren bei den Krawallen gegen die Polizei in den Vorstädten und »weißen« Randalierern bei Demonstrationen der extremen Linken bestehen mehr Gemeinsamkeiten als zwischen jenen Erstgenannten und islamischen Terroristen.

Andererseits, darauf werden wir noch zurückkommen, entstammen die Radikalen nicht Umgebungen, die salafistisch dominiert sind: Die Abdeslam-Brüder betreiben eine Kneipe in einem Viertel, das man uns als »salafistisch« hinstellt, das also theoretisch für Alkoholkonsumenten und nicht verschleierte Mädchen verboten sein müsste. Aber dieses Beispiel zeigt, dass die Realität in den berüchtigten Vierteln wesentlich komplexer ist als behauptet. Schließlich ist auch die Landkarte des Dschihad weitaus komplizierter als die der heruntergekommenen Vorstädte. Keinesfalls sind alle Dschihadisten Produkte dieser Problem-Quartiere. Der Pariser Westen ist auf dieser Karte ebenso verzeichnet wie der Pariser Osten, und Nizza besitzt in absoluten Zahlen eine größere Anzahl Dschihadisten als der Verwaltungsbezirk 93 der Île de France und vor allem als Marseille.[40] Häufig kommen die Konvertiten aus der Provinz und aus Kleinstädten oder gar, wie Maxime Hauchard, vom Land, was im Widerspruch steht zu der Annahme, dass die Nicht-Muslime aus Solidarität mit ihren »erniedrigten Brüdern« konvertieren (obwohl das natürlich vorkommt und erklären kann, warum unter den Konvertiten Männer von den Antillen und afrikanischer Herkunft überrepräsentiert sind, wie etwa die Granvisir-Brüder oder William Brigitte[41]). Vor allem eine Gruppe fällt unter den Profilen der Dschihadisten auf: die große Menge sehr gut integrierter junger Leute mit Hochschulabschlüssen (Kamel Daoudi, Hakil Chraibi, Mustafa el-Sanharawi). Die Abaaoud-Brüder gehörten zum Milieu tendenziell erfolgreicher kleiner Geschäftsleute, und Abdeslams Bruder hatte eine Laufbahn als Angestellter eingeschlagen. Ganz zu schweigen von den saudischen Dschihadisten, die alles andere sind als die Verdammten der zum Opfer amerikanischer Bombenangriffe gewordenen Erde, oder den fünf Attentätern aus Bangladesch, die das Massaker in Dhaka am 1. Juli 2016 anrichteten und allesamt verwestlichte Söhne angesehener Familien des Establishments waren.

Wie der Psychiater und Terrorimus-Experte Marc Sageman,[42] gezeigt hat, ist bei den Terroristen kein besonderes psychopathologisches Profil erkennbar, auch wenn natürlich nichts einen Psychopathen daran hindert, die große Erzählung des IS für sich zu adaptieren und den negativen, selbstmörderischen Helden zu geben. Vielleicht hätte der Mörder von Orlando so oder so einen Schwulenclub überfallen, weil er nicht zu seiner Homosexualität stehen konnte: Für uns zählt aber allein die Tatsache, dass er seine Tat in das Narrativ des IS einbettete. Dennoch lässt sich interessanterweise feststellen, dass seit dem Überfall auf *Charlie Hebdo* immer häufiger Psychiater und Psychologen im Feld der Radikalisierung (und natürlich Deradikalisierung) mitmischen. Wie in jeder anderen Disziplin auch, ist das sicher der Opportunität geschuldet: der Öffnung des Marktes der Deradikalisierung, die in Frankreich relativ spät, erst infolge der Attentate vom 13. November 2015, erfolgte. Was jedoch nicht den Diskussionsbeitrag der Psychologen und Psychiater diskreditieren soll. Sie verwerfen die Hypothese einer pathologischen Persönlichkeitsstörung, heben aber meist hervor, die Terroristen hätten eine »narzisstische Kränkung« erlitten, Vorurteile und das Gefühl der Deklassierung spielten eine wichtige Rolle. Vor allem Psychoanalytiker tragen einiges zu dieser Forschung bei (Fethi Benslama, Jean-Luc Vannier, Raymond Cahn[43]), weil ihre Argumentation sich weniger in Begriffen der Pathologie als in Begriffen der Persönlichkeitsstruktur bewegt. Kurz, es geht weniger um die Definition einer, sowieso unauffindbaren, generellen Psychopathologie des Terroristen als um die Erkenntnis, dass Radikalisierung mit einem ganzen Bündel von Affekten einhergeht, die sich natürlich auch im suizidalen Verhalten anderer junger Leute finden lassen (wie bei den amerikanischen Schülern, die in ihrer Schule ein Massaker anrichten und sich danach selbst töten; dies ist das Columbine-Syndrom, benannt nach der Oberschule, wo sich dieses Massaker 1999 zutrug), die nichts mit dem islamistischen Terrorismus zu schaffen haben. Weil der Narzissmus aber sicher die am weitesten verbreitete Eigenschaft der Welt ist (angefangen beim Narzissmus der Terrorismusexperten), muss man die Motive für Radikalisierung anderswo suchen ...

Vor allem eines ist klar: Menschen, die an psychischen Krankheiten leiden, finden im dschihadistischen Imaginären ein Mittel vor, das ihnen erlaubt, ihren Wahn in ein mit anderen geteiltes, sinnhaftes Universum zu integrieren, kurz, sie können ausgerechnet auf dem mörderischen Höhepunkt ihres Wahns aufhören, verrückt zu sein, denn man wird ihnen den angesehenen Namen »Terrorist« geben und sie nicht als »Psychopathen« bezeichnen, wie es vielleicht auf Mohammed Lahouaiej Bouhlel, den Mörder von Nizza, zutrifft. Problemlos konnte er Psychopath sein und seinen Wahn in die große Erzählung des IS einschreiben, vor seiner Tat Kontakt aufnehmen und sich in die Organisation eingliedern, wo er Komplizen fand, die ihm gern den Ritterschlag gaben, weil sie sehr glücklich damit waren, dass ihre Prophezeiung von selbst in Erfüllung ging. Kurz gesagt, die Grenze zwischen Wahn und Aktivismus ist fließend. Auch aus diesem Grund sollten wir uns um Verständnis bemühen, warum das Imaginäre des IS bei so unterschiedlichen Individuen verfängt.

Der Zusammenhang mit den Konflikten im Nahen Osten

Der Fall Kelkal steht für einen Übergang. Bis zum Jahr 1995 hatten Attentate, die in Frankreich im Zusammenhang mit dem Vorderen Orient begangen wurden, kaum etwas mit islamischer Radikalisierung zu tun: Sie wurden von einem Kommando begangen, das von außen kam (Rue des Rosiers, Copernic, Tati), das unentdeckt bleiben und nicht geschnappt werden wollte – entweder weil die Attentäter wiederkommen oder weil sie nach Hause zurückkehren wollten. Zweck des Angriffs war entweder, ein Ziel zu treffen, das mit Israel identifiziert wurde, oder die Haltung der französischen Regierung hinsichtlich einer bestimmten Thematik zu beeinflussen (Libanon, Unterstützung des Irak gegen den Iran, Unterstützung der algerischen Militärregierung wie bei dem Anschlag auf den RER im Jahr 1995). Aber seit 1994 (Anschlag in Marrakesch) und vor allem seit 1995 macht sich ein neues Phänomen bemerkbar: Radikale islamistische Organisationen aus dem Ausland instrumentalisieren junge Franzosen der zweiten Generation (die Auftraggeber sind radikale marokkanische Islamisten beim Attentat in Marrakesch und die algerische GIA beim Anschlag auf den RER – obwohl in beiden Fällen möglicherweise der algerische Geheimdienst die Hand mit im Spiel hatte, aber was hier zählt ist die Überzeugung der Rekruten, die für eine islamische Sache unterwegs waren). Diese Radikalisierung vollzog sich in situ und auf ganz andere Weise als bei den Militanten im Nahen Osten.

Wie bereits zu Beginn meines Buchs betont, besteht keine direkte Beziehung zwischen einem bestimmten Konflikt und dem Leben als Terrorist oder Dschihadist. Keiner von ihnen wird im Herkunftsland seiner Familie kämpfen (mit Ausnahme der amerikanischen Somalier). Niemandem dient das Elend dieses Herkunftslandes zur Rechtfertigung seiner Revolte. Exemplarisch steht hierfür der Mörder von Orlando. Omar Mateens Vater entfaltete in den USA eine eher wirre politische Aktivität, die um Afghanistan kreiste und sich im Lob auf die Taliban äußerte. Sein Sohn aber, der einige Wochen nachdem Mullah Mansur, der Anführer der Taliban, durch einen Drohneneinsatz getötet worden war, seine Tat begeht, erwähnt diesen Vorfall mit keinem Wort, er beruft sich allein auf den IS; damit hat er sich dem globalen Dschihad verschrieben und nicht den Konflikten des Mittleren Ostens. 2013 greifen die tschetschenischen Zarnajew-Brüder, die allen Grund gehabt hätten, in den Dschihad gegen Moskau zu ziehen, nicht die Russen, sondern Marathonläufer in Boston an. Am Attentat in Marrakesch 1994 ist zwar ein junger Mann marokkanischen Ursprungs aus [der Pariser Vorstadt] La Courneuve beteiligt, der allerdings eigentlich nach Bosnien ziehen wollte, sein Mittäter Stéphane Ait Idir ist algerischer Herkunft und hat nie daran gedacht, in Algerien im Dschihad zu kämpfen, obwohl das Marrakesch-Attentat zur Hochzeit des von der GIA geführten Dschihad begangen wurde.

Wird eine Gruppe mit einer bestimmten Mission beauftragt (wie beim Massaker im Bataclan), dann wurde sie nie durch eine Organisation von außen zusammengestellt. Eine solche Organisation hat es ja auch gar nicht immer gegeben: Weder die Gang von Roubaix noch die Gruppe um Beghal waren anfangs mit einer Organisation verbunden, vielmehr treffen sie erst durch die Teilnahme am Dschihad im Ausland auf sie.

Daraus ergibt sich eine wichtige Schlussfolgerung: Radikalisierung kommt vor Rekrutierung. Ein einziger »Verbindungsmann« zwischen der lokalen Gruppe und der Organisation, der sie sich später anschließen wird, genügt. Aber die Gruppe kann auch aktiv werden, ohne von einer Organisation dazu aufgefordert zu werden (das war der Fall bei der Gang von Roubaix und bei den »einsamen Wölfen« in Großbritannien und den USA). Mit anderen Worten, man stoppt die Radikalisierung nicht, indem man die äußeren Gruppen zerstört. Wenn also die äußeren Organisationen von der GIA über al-Qaida bis zum IS aus einem vorhandenen Reservoir schöpfen, das sie nicht selbst hervorgebracht haben, dann gilt es, die internen Gründe für die Radikalisierung zu erforschen. Und der Grund für diese Radikalisierung findet sich weder in der strategischen (Europa ins Visier nehmen) noch in der taktischen Logik der radikalen Organisationen (Brüder rekrutieren zur Vermeidung von Infiltration oder konvertierte junge Frauen, um die Sicherheitskräfte am Flughafen zu täuschen).

Wir müssen also zwei grundlegende Elemente untersuchen: Wie sieht das Imaginäre der Dschihadisten aus, und welche Beziehung haben sie zum Islam?

DRITTES KAPITEL
Das dschihadistische Imaginäre: Islamisierung der Radikalität

Welche Rolle spielt der Islam
bei der Radikalisierung?

Es ist gang und gäbe, den Dschihadismus als Erweiterung des Salafismus zu begreifen. Nicht alle Salafisten sind Dschihadisten, aber alle Dschihadisten sind angeblich Salafisten, deshalb sei der Salafismus das Einfallstor zum Dschihadismus. Die religiöse Radikalisierung sei also die Vorstufe zur politischen Radikalisierung. Wir haben aber bereits gesehen, dass die Sache komplizierter ist. Dennoch steht vollkommen außer Frage, dass diese jungen Radikalen aufrichtig gläubig sind: Sie glauben, dass sie ins Paradies kommen werden, und ihr ganzer Bezugsrahmen ist zutiefst islamisch. Sie schließen sich Organisationen an, die ein islamisches politisches System, ja sogar, im Fall des IS, das Kalifat wieder einführen wollen. Aber von welcher Form des Islam ist hier die Rede? Der Irrtum besteht darin, dass man die Aufmerksamkeit auf die Theologie, also auf die Texte richtet, dass man also nach einem kohärenten Korpus von Lehrmeinungen sucht, um eine einfache Frage zu beantworten: Kann man einem »moderaten Islam« einen »radikalen Islam« entgegensetzen? Abgesehen von einer »islamophoben« Randgruppe, die glaubt, dass es keinen moderaten Islam geben kann, finden sowohl traditionelle muslimische Autoritäten und liberale muslimische Intellektuelle als auch säkulare politische Autoritäten und staatliche Institutionen ihre Antwort, indem sie versuchen, zwischen dem guten Islam, der den Terrorismus ablehnt und den Dschihad rein spirituell interpretiert, und einem radikalen, salafistischen oder wahhabitischen Islam, der die Brutstätte des Terrorismus und Dschihadismus ist, eine Trennlinie zu ziehen.

Nun verhält es sich aber so, dass Dschihadisten, wie wir bereits gesehen haben, nicht durch Nachdenken über bestimmte Texte gewalttätig werden. Sie verfügen nicht über die erforderliche religiöse Bildung und haben außerdem keinerlei Interesse an dieser Übung. Sie werden nicht radikal, weil sie bestimmte Texte falsch verstanden haben oder weil sie manipuliert wurden: Sie sind radikal, weil sie radikal sein wollen, weil sie die schiere Radikalität verlockend finden. Egal welche Daten man auch heranzieht, die mangelhafte religiöse Bildung der Dschihadisten ist immer offensichtlich.[44] Die viertausend Dossiers über ausländische Rekruten des IS haben wir bereits erwähnt: Sie zeigen, dass diese im Allgemeinen ein hohes Bildungsniveau haben (die meisten verfügen über einen Gymnasialabschluss), dass aber ganze 70 % über sich selbst sagen, sie hätten nur grundlegende Kenntnisse über den Islam; bedenkt man, dass logischerweise die Rekruten aus Saudi-Arabien (wo religiöse Bildung Pflicht ist und ein sehr wichtiges schulisches Unterrichtsfach), Ägypten, Tunesien und Indonesien über den höchsten religiösen Bildungsgrad verfügen werden, dann dürften weit mehr als 70 % der Westler lediglich Basiskenntnisse besitzen.[45]

Dass viele Beobachter sich lieber auf Texte beziehen hat zwei Gründe: Texte sind für einen »gelehrten« Forscher leicht zugänglich, er kann mit ihnen vom Schreibtisch aus arbeiten und muss sich nicht mit den imaginären Konstrukten eines Radikalen in Fleisch und Blut herumschlagen. Vor allem aber sind Texte das einzige zum Feld des Religiösen Gehörende, das man sich heutzutage problemlos beschaffen kann. Die tief greifende Säkularisierung unser Gesellschaften und unseres Wissens bewirkt, dass man sich mit der Religion nur noch durch Texte auseinandersetzt und das, was ich »Religiosität« nenne, links liegen lässt. Folglich ist Theologie gleichbedeutend mit der Interpretation von Texten innerhalb eines umfassenden Systems; so isoliert sie das Dogma von allem Übrigen: von der Emotion, dem Imaginären, der Ästhetik. Gerade hier aber ist nicht die Religion, sondern Religiosität am Werk, die Art und Weise also, wie der Gläubige die Religion lebt und sich Elemente der Theologie und des religiösen Imaginären sowie religiöse Praktiken und Riten zu eigen macht, um für sich selbst ein transzendentes Konstrukt herzustellen. Im Fall des Dschihadisten führt eben dieses zur Verachtung des eigenen Lebens und des Lebens der anderen.

An dieser Stelle muss man unterscheiden zwischen dem Islam des IS, dessen methodologische Stärke in der exegetischen Tradition der Hadithe des Propheten liegt (der IS bedient sich ganz offensichtlich der Federn von »Gelehrten«, die eine umfassende Bildung in den traditionellen Wissenschaften genossen haben), und dem Islam der Dschihadisten, deren ideologische Äußerungen vordringlich um ein imaginäres Konstrukt aus Heroismus und dem Zeitgeist entsprechender Gewalt kreisen. Die exegetischen Schriften des IS, welche die Seiten von *Dabiq* und *Dar al-Islam* füllen, also jener neuen, auf Englisch und Französisch publizierten und somit den im Westen aufgewachsenen Freiwilligen zugänglichen Zeitschriften, sind nicht die Ursache der Radikalisierung (die 1995 beginnt). Die Radikalen berufen sich nicht auf diese langen, belehrenden Analysen, in denen, wie es beim IS üblich ist, ein Hadith an den anderen gereiht wird. Das, was bei den Radikalen funktioniert, ist die Verbindung zwischen dem radikalen Imaginären und dessen theologischer »Rationalisierung«, die ihnen der IS bereitstellt, eine Verbindung, die nicht in echtem Wissen gründet, sondern in einem von oben verordneten Argument.

Wenn die jungen Dschihadisten von »Wahrheit« sprechen, bezieht sich das nie auf diskursives Wissen: Vielmehr stützen sie sich auf ihre eigene Gewissheit, manchmal beziehen sie sich auch beschwörend auf Schuyūch, also auf Scheichs, deren Schriften sie allerdings nie gelesen haben. Als Wahrheit finden sie also nur das vor, was sie selbst hineingeben. Diese Verbindung zwischen ihrem eigenen Imaginären und der Wissenschaft hängt mit zwei Umständen zusammen: der Terminologie (wie man gesehen hat, durchsetzt man sein Französisch oder Englisch mit arabischen Wörtern) und der brutalen und nicht diskursiven Aussage eines Verses oder eines Hadith, der aus maximal zwei Sätzen besteht (etwa der berühmte Vers »Nehmt nicht die Juden und die Christen zu Verbündeten! Sie sind einer des anderen Verbündete«). Man ruft sich diese kurzen Texte zu (so wie die Roten Garden es mit Mao-Zitaten hielten), ohne sich je auf andere Texte zu beziehen und schon gar nicht, indem man nach einer umfassenderen Logik dieser Texte fragt. Selbst Dschihadisten, die sich für gebildeter als andere halten, bleiben dieser schlagwortartigen Logik verhaftet, wie etwa Cédric, ein konvertierter Franzose, der während seines Prozesses Folgendes von sich gab: »Ich bin kein Tastatur-Dschihadist, ich bin nicht mit YouTube konvertiert. Ich lese die echten Gelehrten« (dabei kann er gar nicht Arabisch lesen und hat die Mitglieder seines Netzwerks im Internet kennengelernt). Und weiter: »Ich habe Beweise, dass dies das wahre Kalifat ist. Wir werden uns nicht verstecken, mein einziger Wunsch ist, dorthin auszureisen.«[46]

Die Radikalen sprechen weniger über Religion als die Salafisten: Ihre Posts und ihre Texte kreisen mehr um die Tat als um die Religion. Bei al-Qaida spielen religiöse Texte eine untergeordnete Rolle, in der Propaganda des IS sind sie zentral, und die Radikalen gebrauchen sie zum Zwecke der Beschwörung. Gelesen werden sie hauptsächlich im Internet: Al-Awlaki ist bei ihnen sehr beliebt, weil er auf Englisch publiziert.

Deshalb will ich mich zunächst dem Imaginären der Dschihadisten widmen und komme dann auf die Frage nach der Rolle der Salafisten zurück.

Der Held als Rächer der leidenden muslimischen Gemeinde

Am einfachsten ist es sicher, den Terroristen selbst Gehör zu schenken. Es sind immer wieder dieselben Themen; und in der posthum erschienenen Erklärung von Mohammad Sidique Khan, dem Anführer der Gruppe, die die Attentate am 7. Juli 2005 in London beging, werden sie alle zusammengefasst.[47] Als Hauptmotivation nennt er die Grausamkeiten, die die westlichen Staaten dem »muslimischen Volk« angetan haben (im fraglichen Text heißt es »mein über die Welt verstreutes Volk«), als zweite Motivation gibt er die dem Militanten, also ihm selbst, aufgetragene Rolle als rächender Held an (»Ich bin direkt verantwortlich dafür, meine muslimischen Brüder und Schwestern zu beschützen und zu rächen«, »ihr werdet nun erfahren, wie sich diese Situation in Wirklichkeit anfühlt«), und drittens kommt er auf den Tod als Motiv für sein Handeln zu sprechen (»Ihr liebt das Leben, wir lieben den Tod«) sowie auf seine Aufnahme im Paradies (»Möge Gott mich zu all denen erheben, die ich verehre, zu den Propheten, seinen Boten, seinen Märtyrern« usw.).

In abgewandelter Form finden sich diese Themen auch bei den Kouachi-Brüdern (»Wir haben den Propheten gerächt.«) oder bei Coulibaly, der seinen Opfern auseinandersetzt, wie und warum er sie nun ebenfalls den Zustand der Angst durchleben lässt. Auch die Henker des IS kehren die Situation um, indem sie ihre Opfer wie Guantanamo-Häftlinge kleiden oder sie Todesarten erleiden lassen, die den Tod »muslimischer« Opfer imitieren sollen (man verbrennt die Gefangenen oder sprengt sie in die Luft). Das Thema des gewählten und ersehnten Todes kehrt genauso immer wieder (unter anderem bei Mohammed Merah: »Ihr liebt das Leben, wir lieben den Tod«), ebenso wie das Argument der Aufnahme ins Paradies – gerade in den letzten Botschaften an die Mutter, in denen sich Vergebung mit Fürbitte mischt (der Tod tilgt die Sünden des Militanten, so dass er für die Mitglieder seiner Familie Fürbitte einlegen kann, selbst wenn sie seiner Meinung nach den Islam vernachlässigen).

Die Ummah rächen

Fast nie wird die muslimische Gemeinde, die gerächt werden soll, näher benannt (»über die Welt verstreut«). Vielmehr handelt es sich um eine ahistorische, nicht in Zeit und Raum verortete Angabe. Eher noch spricht man von den »Kreuzfahrern« als von den französischen Fallschirmspringern während der Schlacht um Algier. Das taten zum Beispiel auch die Staatsbürger von Bangladesch, die am 1. Juli 2016 in Dhaka mehrere westliche Touristen, vor allem Italiener, abschlachteten: sie prahlten, sie hätten zweiundzwanzig »Kreuzfahrer« getötet, obwohl es selbstverständlich zwischen Italien und dem alten Bengalen keinerlei Kolonialkonflikte gab. Jeder konkrete Konflikt dient vielmehr als Metapher für einen uralten Konflikt, der nicht anders enden kann als in einer letzten Schlacht. Deshalb ist wahllos die Rede von Palästina, Tschetschenien, China, Bosnien oder Irak. Fotos von Gräueltaten stammen aus sämtlichen Kriegsgebieten der Welt, nur selten sind sie datiert, aber in jedem Fall sind sie austauschbar und haben gelegentlich nichts mit dem zu tun, was in der Bildunterschrift zu lesen ist (wie jenes Foto eines Massakers an algerischen Hilfssoldaten, das von der FLN begangen, aber den französischen Streitkräften zugeschrieben wurde). Im Internet wimmelt es von Videoclips (etwa die zahlreichen Versionen eines Films namens *Wake Up Ummah*), in denen diese »panoramaartige« Vision einer weltumspannenden, leidenden Ummah zusammengeschnitten wurde.

Die Radikalen beziehen sich nie explizit auf eine bestimmte koloniale Zeit: Sie lehnen alle politischen oder religiösen Bewegungen, die vor ihnen waren, ab oder nehmen sie schlicht nicht zur Kenntnis. Sie fühlen sich den Kämpfen ihrer Väter nicht verpflichtet, weil sie ihre Väter für gescheitert halten und weil im Grunde nur sie, die jungen Leute, der Zeit des Propheten ebenbürtig sind. Wie bereits erwähnt, kehrt kaum einer von ihnen zum Dschihad in das Herkunftsland seiner Eltern zurück, was ja nur dann einen Sinn ergäbe, wenn sie eine koloniale Genealogie voraussetzen würden. Was die Konvertiten betrifft, ist deren »virtuelle« Beziehung zur Gemeinschaft aller Muslime evident: Sie können nur am globalen Islam interessiert sein und nicht an diesem oder jenem lokalen Konflikt. Bezeichnenderweise hat meines Wissens kein einziger Dschihadist, egal ob muslimisch oder konvertiert, in einer pro-palästinensischen Bewegung mitgekämpft, sich in irgendeiner Gruppe im Kampf gegen die Islamophobie engagiert, ja noch nicht einmal in einer islamischen NGO.[48] Diese Dschihadisten sind nicht das Produkt einer enttäuschten Militanz (wie es bei den Linken 1968 häufig der Fall war, die oft ehemalige Mitglieder der Kommunistischen Partei oder Aktivisten gegen den Algerienkrieg waren). Man muss nur lesen, was die jungen Radikalisierten rezipieren, also jene Texte, die auf Französisch oder Englisch im Internet kursieren (nicht die auf Arabisch geschriebenen Werke von al-Suri, die in Europa niemand gelesen hat), zum Beispiel »44 Ways to Support Jihad« von al-Awlaki: Er spricht darin von den »Römern« im Gegensatz zu den »Muslimen«, geht dann wahllos zu Ibn al-Chattab, dem tschetschenischen, im Kampf verwundeten Emir, über und zitiert schwärmerisch einen Hadith des Propheten. Kurzum, es gibt keinerlei historischen Kontext. Vielmehr ermöglicht jene ständige Beschwörung der Zeit des Propheten, die Geschichte auszublenden und für sich einen Nullpunkt zu beanspruchen (das gilt für alle »Fundamentalisten«: Weil sie den Anspruch haben, zu fundamentalen Weisheiten zurückzukehren, brauchen sie keine Lehren aus der Geschichte zu ziehen). Genauso wenig nehmen sie die aktuellen Konflikte zur Kenntnis. Am deutlichsten wird das am Beispiel Palästina. Zwar taucht der Name Palästina oder Gaza mit schöner Regelmäßigkeit in den Litaneien über das Leiden der Ummah auf, aber es gibt keinerlei konkrete Unterstützung für den Kampf der Palästinenser: Al-Qaida und der IS greifen zwar jüdische, aber niemals israelische Ziele an (man glaubt, dass die Juden am Komplott gegen die Ummah beteiligt sind). Kein einziger Teilnehmer von »Ship-to-Gaza« wurde Dschihadist oder Terrorist. Westliche Dschihadisten, die angeblich nach Syrien ziehen, um die Muslime zu retten, finden sich dort in vorderster Front eines bewaffneten Konflikts zwischen Muslimen wieder: Im Flüchtlingslager Jarmuk bekämpfen sie die Hamas und die Hisbollah im Norden von Damaskus, sie töten weitaus mehr Schiiten als »Kreuzfahrer« und befinden sich so plötzlich mitten in dem neuen Bürgerkrieg, der die muslimische Welt zwischen der schiitischen Achse um den Iran und einer führungslosen sunnitischen Koalition zerreißt. Kurz, zwischen ihrem Imaginären und der Zeitgeschichte des Nahen Ostens besteht eine tiefe Kluft. Sie töten weitaus mehr »Häretiker« als »Kreuzfahrer« und nehmen dabei keineswegs wahr, dass die in diesem Fall pro-iranischen, schiitischen »Häretiker« ihre Ablehnung Israels und ihren Hass auf den westlichen Imperialismus durchaus teilen (was Burgat nur dadurch erklären kann, dass er von einem Missverständnis beziehungsweise einer Entfremdung im marxistischen Sinn spricht).

Diese Gleichgültigkeit gegenüber der zeitlichen Dimension gilt auch für den Raum. Sie praktizieren ein dschihadistisches Nomadentum, das sie immer dorthin führt, wo der Dschihad gerade stattfindet. Aber keiner von ihnen versucht, sich in die Gesellschaft des Landes, wo er kämpft, zu integrieren (mit Ausnahme von Lionel Dumont in Bosnien, der dort eine junge Bosnierin heiratet und nach dem Krieg im Land bleibt, was aber im geschützten Umfeld einer kleinen salafistischen Enklave geschieht). Geographisch bewegen sie sich in zwei Richtungen: Sie verlassen die westliche Welt (ihre Decknamen haben häufig mit ihrem Herkunftsland zu tun: al-Faransawi, al-Belgiki, al-Almani, al-Britanni, nur al-Andalusi für Spanier und Portugiesen bildet eine Ausnahme), nur reisen sie nicht nach Syrien aus, sondern nach Sham, ein Begriff, der ihre Missachtung der aktuellen Grenzen ausdrücken soll (der IS präsentiert Fotos von Kämpfern, die Spuren der aus dem französisch-britischen Abkommen von 1916 hervorgegangenen Grenze, der sogenannten Sykes-Picot-Linie, »tilgen«). Man bewegt sich also aus der realen Welt in Richtung einer imaginären Welt. Der Ikonoklasmus der Kämpfer zeigt außerdem, wie gleichgültig ihnen jegliche lokale Kultur ist.

Diese räumliche Abstraktion gilt auch für einen weniger kriegerischen Vorgang: die Hidschra, also die Auswanderung in ein Gebiet, das ich einen »islamisierten Raum« genannt habe.[49] Dabei handelt es sich um einen Ort, wo man in einer authentischen muslimischen Umgebung leben kann, entweder in einem Land oder, was häufiger der Fall ist, in einer lokalen Gegengesellschaft in einem Stadtviertel, einer Art Exil also, das an das Lebensumfeld mancher Hippies oder religiöser Sekten erinnern mag. Auf diese Weise hat der »Islamische Staat« nach seiner Proklamierung viele Menschen angezogen, oft kleine Familien, die nicht wegen des Dschihad kamen, sondern weil sie glaubten, unter dem wahren islamischen Gesetz leben zu können.

Diese globale Sichtweise wird auch auf den Feind übertragen. Es gibt keine Unschuldigen: Die Völker des Westens sind für das Handeln ihrer Regierungen verantwortlich, und jeder Muslim, der nicht revoltiert, ist ein Verräter, so dass es keinen Grund gibt, ihn bei ungezielten Attentaten zu verschonen. Im Grunde sucht man vergeblich bei jedem Angriff gegen ein bestimmtes Land nach einem strategischen Grund: Warum wird 2004 Spanien und nicht Italien attackiert, obwohl doch beide Länder an der amerikanischen Koalition gegen den Irak beteiligt waren? Hier zählt eher die günstige Gelegenheit: Man schlägt da zu, wo es Handlanger gibt (was übrigens zu dem

Problem führt, dass in der terroristischen Bewegung die Frankophonen überrepräsentiert sind).

Dieser defensive Diskurs macht jedoch eine Entwicklung durch: Ab 2015 gilt in den vom IS publizierten Zeitschriften allein die Tatsache, ein Ungläubiger zu sein, als hinreichender Grund, getötet zu werden. Dabei steht nicht mehr die Idee der Verteidigung der Ummah im Vordergrund, sondern die weltweite Ausbreitung der Predigt, um dem Ende der Zeiten umso schneller nahezukommen; diese Idee verbindet sich mit einer Vorstellung von der Apokalypse, der wir uns später noch widmen werden.

Der Held und die Ästhetik der Gewalt

Eine weitere Konstante besteht darin, dass sich das Individuum, das sich erniedrigt und unterdrückt fühlt, als einsamer Held und »Rächer« positioniert. Diese Individualisierung funktioniert sogar dann, wenn die Gruppe in Aktion tritt. Beispielsweise bringt man dem Helden, der sich an der Spitze einer Angriffswelle in die Luft sprengt, besondere Wertschätzung entgegen. Nachrufe auf Radikale sind eine Aneinanderreihung von Heiligenlegenden, und der Leichnam des Märtyrers erhebt sich über das allgemeine Schicksal: Er ist schön und dünstet wohlriechende Düfte aus, oder er wird durch die Explosion in den Zustand der Erhabenheit überführt.

Besonders erstaunlich aber ist die ungewöhnlich narzisstische Haltung der Terroristen und ihre »losgelöste« Beziehung zum Tod. Man organisiert die Inszenierung seiner selbst vor, während und nach der Tat (posthume Videos). Man posiert auf Facebook: Salah Abdeslam stellte sich dort drei Wochen vor dem Attentat am 13. November 2015 mit der IS-Flagge zur Schau (ein weiterer Beweis, dass das Argument der Taqīya als Erklärung für das normale Leben der Terroristen nicht funktioniert). Coulibaly ruft bei verschiedenen Fernsehsendern an, während er die Kunden des Hyper Cacher an der Porte de Vincennes als Geiseln hält. Omar Mateen verschickt Selfies, während er auf seine Opfer in Orlando feuert. Abaaoud lässt sich dabei filmen, wie er in Syrien Leichname von Feinden hinter seinem Auto herschleift. Larossi Abballa gibt auf Facebook öffentliche Erklärungen ab, während er sich noch im Haus der ermordeten Polizisten aufhält, und Adel Kermiche informiert seine Freunde, sie würden den Mord an Abbé Hamel per Film in Echtzeit verfolgen können.

Die narrative Konstruktion spielt mit dem Bild des Superhelden aus Filmen oder Videospielen. Das Klischee vom zukünftigen Helden, der für diese Rolle nicht besonders prädestiniert ist, weil er ein sinnloses oder allzu normales Leben führt, ist besonders verbreitet; plötzlich erhält er den Ruf (the call, einerseits religiös verstanden als unverhoffte Berufung, aber auch in Anlehnung an das populäre Videospiel *Call of Duty*) und verwandelt sich in eine fast übernatürliche, weil allmächtige, Figur. Er rettet nicht nur die leidende und duldende Ummah, sondern besitzt auch umfassende Macht: Macht über Leben und Tod, sexuelle Macht (die sexuelle Faszination wirkt allerdings entschieden stärker im Fall des Dschihad als beim Terrorismus).

Diese Erzählkonstruktion wird auf zwei Ebenen durchdekliniert. Zum einen innerhalb des islamischen Imaginären – mit dem Bezug auf die erste Gemeinschaft der Gläubigen (Märtyrer, Anrecht auf »Sexsklaven«), auf die Eroberung von Wüsten und Städten, auf das Kalifat, das diese globale und virtuelle Ummah verkörpern soll. Die Zeitschriften des Kalifats sind voll von Koranzitaten, Hadithen des Propheten und Kommentaren von Rechtsgelehrten, die, wieder ohne jegliche Kontextualisierung, das Kommen des Kalifats, das Weltende, die Zeichen des Sieges ankündigen oder auch die Gewalt der Organisation rechtfertigen.

Zum anderen passt diese »große Erzählung« in den Rahmen einer äußerst modernen Ästhetik des Heroismus und der Gewalt. Ihre Video-Montagetechniken (schneller Rhythmus, Bildfolge, Off-Stimmen, dramatische Zeitlupen, eindringliche moderne Musik, Montage verschiedener Sequenzen, auf Gesichter geklebte Zielscheiben) sind Anleihen aus Videoclips oder dem Reality-TV.[50] Gewalt wird inszeniert und in raffinierten Videos nach einem Drehbuch gespielt: Bekanntermaßen wurden einige Hinrichtungen einstudiert, bevor sie gefilmt wurden, ein Umstand, der möglicherweise die in manchen Fällen auffällig passive Haltung der Geiseln erklären kann. Diese »Barbarei« ist kein Relikt längst vergangener Zeiten: Vielmehr bedient sie sich eines »sadistischen« Codes, wie Pier Paolo Pasolini ihn in *Salò* (1975) in Szene gesetzt hat. Eine kleine, allmächtige Gruppe auf engem Raum, geeint durch eine gemeinsame Ideologie, verfügt über die ganze Macht, sowohl was das Leben betrifft als auch die Sexualität. Aber diese Allmacht spielt sich auf zwei Ebenen ab, der des Gruppenzwangs und der der Inszenierung. Niemand darf allein seine Bedürfnisse befriedigen, niemand darf vergewaltigen, wie es ihm gerade passt: Die Vergewaltigung muss inszeniert werden und aus der Gruppe heraus geschehen. Wie in dem Film *Salò* werden auch auf dem Territorium des IS Sexsklavinnen zur Schau gestellt, getauscht, zu Sexpraktiken gezwungen, die nichts mit »ehelichem Verkehr« zu tun haben. Sie werden gefoltert und ermordet. Ein Gruppenmitglied aber, das außer Sichtweite und unabhängig von der Gruppe agiert, verstößt gegen das Gesetz und wird seinerseits hingerichtet. Die Scharia ist hier kein Gesetzbuch, sondern eine Metapher für die Regeln einer Gruppe, die zur Sekte geworden ist.

Die Gewalt dient darüber hinaus der Bestätigung der männlichen Allmacht, insofern ist es kein Zufall, dass viele Massenmörder (und nicht nur Islamisten) in ihrer Vergangenheit häusliche Gewalt begangen haben, deren Ziel es ebenfalls ist, die Frau auf ihren Platz zu verweisen. Gewalt ist ein Mittel, um die Norm durchzusetzen und sie dem Körper des anderen einzuschreiben.[51]

Was die Ästhetik der Gewalt betrifft, muss man bloß die Videos mexikanischer Narcos anschauen, die, schon lange vor dem IS gedreht, Enthauptungen in Szene setzen. Das gleiche Drehbuch, kniende Opfer, maskierte Henker, die sie verhören, das Urteil verlesen, ihnen langsam die Kehle durchschneiden, gelegentlich die Leichen zerstückeln. Und immer wird eine Botschaft, eine »Moral« mitgeliefert.[52] Die Szene gehört zu einer Erzählung mit eingestreuten Anmerkungen (Hadithe oder Koranzitate). Die Texte in *Dabiq* oder *Dar al-Islam* sind aufgebaut wie beschreibende und rechtfertigende Reden, als könnte das Verbrechen nur dann seine ganze Wirkung entfalten, wenn daraus eine Rede über das Verbrechen wird (was sehr an de Sade erinnert).

Dass die Zahl der Freiwilligen für den Dschihad nach 2012 plötzlich zunahm, hat zweifellos mit dieser Ästhetik der Gewalt zu tun (das zeigen auch die zahllosen Likes auf Facebook), denn al-Qaida bediente sich nicht desselben sadistischen Registers wie der IS. Man muss sich nur die Fotos und Videos ansehen. Der IS hat, im eigentlichen Wortsinn, ein neues »Spielfeld« eröffnet: Die unermessliche Wüste, die man im Geländewagen durchquert, mit im Wind flatternden Fahnen und langem Haar, gezückten Waffen und einer oft nach dem Vorbild der Ninjas gestalteten, durch Uniformen zur Schau gestellten Brüderlichkeit. Die kleinen Loser aus den Vorstädten sind schön geworden, bei ihrem Anblick auf Facebook werden die Mädchen schwach. Aus dem Videospiel wird ein Epos, das sich auf einem riesigen Spielfeld entfaltet. »Wir sind hier keine Organisation mehr, wir sind nicht al-Qaida, keine Guerilla, wir verstecken uns nicht; wir sind ein Staat«, schreibt Maxime Hauchard im Mai 2014.[53]

Ein weiteres Mal positioniert sich der IS am Kreuzungspunkt zweier imaginärer Welten, von denen die eine religiös und klassisch (das Kalifat), die andere in einer bestimmten Jugendkultur sehr verbreitet ist und auch in Kontexten, die keinerlei Verbindung zum Islam haben, zum Ausdruck kommt (Straßengang, Banditentum; das zeigt sich auch an der Popularität des Films *Scarface* bei Jugendlichen und den Anschlägen in den USA, die dem Columbine-Modell folgen). Die Frau des Dschihadisten kommt hier der Gangsterbraut gleich, sie gehört zu einer Macho- und Gewaltkultur in der Clydes Bonnie den Tschador trägt, sich aber mit dem Revolver in der Hand immer noch rebellisch geben möchte. Vielleicht ist der Umstand, dass so wenige Terroristen aus Marseille kommen, dem Umstand geschuldet, dass man dort ein Superheld mit Kalaschnikow werden kann, ohne außer Landes gehen zu müssen ...

Die Vorstellung, man gehöre zu einer Avantgarde, wird durch religiöse Bezüge untermauert. Al-Awlaki nennt diese Avantgarde al-Taifa al-Mansura.[54] Er bedient sich des Begriffs taifa, der Stamm oder Gemeinschaft bedeutet, will damit aber ausdrücken, dass die Ummah zersplittert ist und dass unter den vielen Gruppierungen nur eine einzige Gruppe wahrer Muslime existiert, die zwangsläufig in der Minderheit sind. Der Ausdruck steht in einem berühmten Hadith über die 73 Sekten: »Meine Gemeinschaft wird sich in 73 »Sekten« (*firqa*) spalten, und alle bis auf eine werden ins Höllenfeuer kommen.« Dank dieses unter Radikalen sehr beliebten, calvinistisch angehauchten Hadith (es genügt nicht, zu glauben oder Gutes zu tun, um errettet zu werden; nur eine kleine Gruppe Gläubiger wird gerettet werden) lässt sich die ambivalente Beziehung der Radikalen zu der Ummah, die sie retten wollen, erklären: Sie glauben nicht, dass die Ummah ihr Opfer verdient hat. Ihr Heil ist das Opfer selbst und liegt nicht in der Errichtung einer gerechten islamischen Gesellschaft, an die der Prophet selbst anscheinend nicht mehr glaubte. Der unter den Radikalen populäre Naschid *Ghoraba* preist jene »Fremdlinge auf Erden«, die losgelöst von jeglicher 'Asabīya leben (ohne familiäre oder gemeinschaftliche Bindungen) und sich allein dem Dschihad geweiht haben.[55] In den Schriften des IS wird dieses Thema häufig behandelt:

> Ibn Masud (radi allahu anhu) sagte, der Prophet (sallallahu alayhi wa sallam) habe gesagt: »In Wahrheit begann der Islam als etwas Fremdartiges, und er wird wieder etwas Fremdartiges werden, wie zu seinen Anfängen; das wird also der rechte Zeitpunkt sein für die Fremden.« Jemand fragte ihn: »Wer sind diese Fremden?« Er antwortete: »Alle, die mit ihren Stämmen brechen.« (Erzählt von Imam Ahmad, ad-Darimi und Ibn Majah durch eine sahih isnad, eine vertrauenswürdige Kette der Überlieferungen.)[56]

Tod und chiliastischer Nihilismus

Wie wir gesehen haben, steht der Tod im Zentrum des individuellen Projekts jedes Terroristen und Dschihadisten. Diese Verteidiger des Islamischen Staats sprechen seltsamerweise nie von der Scharia und fast nie von der islamischen Gesellschaft, die sich unter der Herrschaft des IS bilden wird. Das Argument, man habe ja nur »in einer echten islamischen Gesellschaft leben wollen«, wird typischerweise nur von »Rückkehrern« (sie wollen in ein normales Leben zurückkehren) vorgebracht, die jegliche Teilnahme an gewalttätigen Aktionen abstreiten. Fast sieht es so aus, als seien der Aufbruch in den Dschihad und der Wunsch nach dem Leben in einer islamischen Gesellschaft ein Widerspruch. Und das ist in gewisser Weise tatsächlich so, nicht weil die Dschihadisten sich nicht unter die Herrschaft eines Islamischen Staates begeben wollen, ganz im Gegenteil, sondern weil sie dieses Leben in einer islamischen Gesellschaft, im Unterschied zu den anderen, die sich nur auf Hidschra begeben möchten, gar nicht interessiert; diese jungen Radikalen kommen nicht zum Leben, sondern zum Sterben. Darin besteht das Paradox: Die jungen Radikalen sind keine Utopisten, sondern Nihilisten, weil sie Chiliasten sind.[57] Nie wird der Folgetag den großartigen Abend zuvor übertreffen. Sie sind eine No-Future-Generation. Kein einziger von ihnen nimmt am wirklichen Leben der Gesellschaft, inmitten derer sie im Dschihad kämpfen, teil. Keiner von ihnen ist Arzt oder Krankenpfleger, nicht ein einziger Arzt ohne Grenzen ist Dschihadist geworden. Dafür tilgt der Tod all ihre Sünden, was auch erklärt, warum die Frage der religiösen Praxis für sie nicht wirklich entscheidend ist: Der Tod tilgt auch alle Versäumnisse. Der Nihilismus (die von ihnen allen betonte Nichtigkeit des Lebens) ist ein fester Bestandteil ihres Mystizismus (die Rückkehr zu Gott).

Mehr noch, wenn sie den Tod als erwünschtes Ziel ihres Lebenslaufs präsentieren, insistieren viele von ihnen darauf, dass sie eine Rolle als Fürsprecher erfüllen: Dank ihres Opfers werden ihre Eltern (vor allem die Mütter) trotz ihres gottlosen Lebens errettet werden. Abdelhamid Abaaoud und Bilal Hadfi fordern beide ihre Eltern dazu auf, zum Islam zurückzukehren. Abu Omar al-Baljiki (Abaaoud) sagt (oder lässt sagen): »Ich rufe meine Eltern dazu auf, Allah zu fürchten, zu büßen, Hidschra zu machen und auf dem Weg zu Allah zu kämpfen.« Dasselbe Thema, das möglicherweise zum ersten Mal bei David Vallat auftaucht, findet sich auch in dem Testament von Abu Rayan (mit wirklichem Namen Omar Ismail Mostefai).[58] Vallat, konvertierter Franzose und Freund von Kelkal, schreibt, 1995 habe er geglaubt, sein Opfer könne »seine Mutter für das Paradies empfehlen«.[59] Als Herr über die religiöse Wahrheit errettet der Sohn seine Eltern und ermöglicht ihnen durch seine Vermittlung ein *born again* zu werden, wie er selbst. Das Verhältnis der Generationen wird umgekehrt: Der Sohn stirbt und führt dadurch die (Wieder-)Geburt seiner eigenen Eltern herbei. Er muss sterben, um erwachsen zu werden.

Die Faszination des Todes ist deshalb eng mit dem Ausblick auf die Apokalypse verbunden, weil man nicht daran glaubt, dass heitere Tage kommen werden, und weil Krieg, Tod und Jüngstes Gericht die einzige Zukunftsperspektive sind – zunächst für einen selbst und dann für die gesamte Menschheit.

Der apokalyptische Diskurs

Der apokalyptische Diskurs ist neu und zentral zugleich. Vom ersten Moment an hat der IS ihn ins Gefecht geführt, während er bei den Radikalen des Westens kaum und bei al-Qaida, auf die sich die Radikalisierten vor 2015 bezogen, überhaupt keine Rolle spielte. *Dabiq,* der Titel der englischsprachigen Zeitschrift des IS, bezieht sich auf eine Kleinstadt im Norden Syriens, wo, einem Hadith zufolge, die letzte Schlacht zwischen »Römern« und »Muslimen« stattfinden wird. Dabiq ist das Äquivalent zu Armageddon (der griechischen Version von Megiddo, einer Stadt im Norden Israels) in der christlichen Apokalypse. Diese Schlacht ist das Vorzeichen, dass, nach einer Reihe von Naturkatastrophen und chaotischen Zuständen in der Welt der Muslime, der Antichrist, Daddschāl in der muslimischen Überlieferung, kommen wird, dessen durch Jesus herbeigeführte Niederlage dem Ende der Welt vorausgeht. Die Leute vom IS sind, wie zahlreiche amerikanische Evangelikale, überzeugt, dass das Ende der Welt unmittelbar bevorsteht, und sie halten Ausschau nach allen möglichen Vorzeichen, die darauf hinweisen könnten.[60] Zum Beispiel enthält die fünfte Ausgabe von *Dar al-Islam,* der französischsprachigen Zeitschrift des IS, einen langen Artikel mit dem Titel »Die vorzeitige Wiedereinführung der Sklaverei«, der rechtfertigt, warum man die jesidischen Frauen auf den Status von versklavten Konkubinen herabwürdigen darf. Das Erstaunlichste daran ist, dass diese Wiederkehr der Sklaverei, die im Verlauf der Geschichte außer Gebrauch gekommen war, hier nicht nur als eine zur Anfangszeit des Islam erlaubte Praxis präsentiert wird, sondern als Zeichen, dass das Ende der Welt nah ist, weil man sich wieder in der gleichen Situation befindet wie zur Zeit des Propheten; die menschliche Zeit wurde also zunichtegemacht.[61]

Hier liegt offenbar ein Paradox vor: Wie passt der triumphierende Diskurs des IS, der behauptet, das Kalifat sei zurückgekehrt, zu der zutiefst pessimistischen Vision, dass die Apokalypse nah ist? Zunächst natürlich, weil die Apokalypse in fine einen Siegeszug für Gott und die Handvoll »Heilige«, die überleben und gerettet werden, bedeutet. Wenn das aber so ist, warum verliert man dann seine Zeit mit der Gründung eines Islamischen Staats, da doch die Vorzeichen des nahenden Weltendes allesamt negativ sind (Tod, Krankheit, Glaubensabfall, Gotteslästerung, Individualismus, Naturkatastrophen, Kriege usw.)? Der Apokalypse geht ein Kriegszustand voraus, keinesfalls Frieden und Gerechtigkeit, und so ist es das Wesen des IS, sich im Krieg zu befinden: Der Krieg ist kein Mittel mehr, sondern ein Zweck. Das passt zum Status, den der Tod bei den Dschihadisten hat: Wenn das Ende der Zeiten naht, wozu Zeit verlieren und eine islamische Gesellschaft verwalten? Der Tod des Einzelnen, der mit einem Massenmord einhergeht, ist wie die Inszenierung einer kleinen Apokalypse in Erwartung des krönenden Finales.

In der Eschatologie des IS liegt tatsächlich ein Widerspruch vor. Der IS möchte ein Remake der ersten Gemeinschaft der Gläubigen zur Zeit des Propheten schaffen, nur wird es keinen neuen Propheten geben. Das ist die logische Folge einer Rückkehr zum Zustand der Dschāhilīya, dem Zustand der Unwissenheit vor der Offenbarung, jener Unwissenheit, in die die muslimischen Gesellschaften nach der innovativen, tiefgreifenden und pessimistischen Analyse von Sayyid Qutb zurückgefallen sind. Wenn man wirklich in die Zeit des Propheten zurückgekehrt ist, es aber keinen neuen Propheten geben wird (denn aus theologischer Sicht kann es keinen anderen Propheten als Mohammed, das Siegel der Weisheit, geben), dann ist die Zeit wirklich reif, denn eine bessere Gesellschaft als die des Propheten wird nicht kommen.

Es gibt keine andere Perspektive als Krieg und totaler Sieg, auf den unmittelbar das Erscheinen des Antichristen folgt. Der Sieg des IS kündigt den Antichristen an und somit das Ende jeder menschlichen Gesellschaft, sei sie nun islamisch oder nicht. Wir befinden uns hier nicht auf dem Feld der Utopie (selbst um den Preis des Todes eine bessere Gesellschaft entstehen lassen), sondern auf dem des Nihilismus: Der Tod allein sichert den Eintritt ins Paradies. Man hält nach Vorzeichen Ausschau, anstatt eine gerechte islamische Gesellschaft zu errichten, man bringt sich um, weil die Apokalypse sowieso alles vernichten wird, was der Mensch geschaffen hat.

Die jungen Radikalen haben kein Problem damit, diese eschatologische Vision zu übernehmen, denn die Apokalypse verwandelt ihren eigenen nihilistischen Werdegang in ein kollektives Schicksal: Sie nehmen nur vorweg, was sowieso geschehen wird, sie sind die Avantgarde, die stirbt, bevor der große Endkampf in Dabiq in Syrien beginnt.[62] Der Selbstmord ist eine messianische Tat: Man hebt sich auf eine Ebene mit dem Propheten, wie auch Sidique Khan in seiner weiter oben zitierten Botschaft gesagt hat (»Möge Gott mich zu all denen erheben, die ich verehre, zu den Propheten, seinen Boten, seinen Märtyrern.«).

Die Religion der Radikalen: Die Frage des Salafismus

Eine muslimische Orthodoxie definieren zu wollen, deren Quintessenz oder Perversion die Dschihadisten repräsentieren, ist zwecklos. Das ist vielmehr die Aufgabe der Muslime selbst, nicht der »Islamwissenschaftler« oder der öffentlichen Meinung. Ausschlaggebend ist die Praxis der Gläubigen, nicht die säkulare Exegese der Texte. Die Frage lautet nicht: »Was steht wirklich im Koran?«, sondern: »Was sagen die Muslime darüber, was im Koran steht?«.

Das hindert natürlich nicht an dem Versuch, die religiösen Forderungen der Dschihadisten und des IS in den Kontext der polarisierten Varianten des heutigen Islam zu stellen, weil das für die allgemeine Sicherheit sowie die Prävention tatsächlich wichtig ist. Kann man also kurzgefasst sagen, dass zwar nicht alle Salafisten Terroristen sind, aber umgekehrt alle Terroristen Salafisten, was gleichzusetzen wäre damit, dass der Salafismus zugleich Nährboden und Einfallstor für den Dschihadismus ist? Es geht hier keinesfalls darum, den Salafismus von zwei Hauptverantwortlichkeiten zu entlasten, deren erste (die er übrigens mit anderen, christlichen oder jüdischen, Fundamentalismen gemein hat) in seiner »Absonderung« von der säkularen Gesellschaft und seiner Weigerung besteht, Werte zu teilen, die heutzutage als allgemeine europäische Werte gelten (LGBT-Rechte, Vorrang der individuellen Freiheit, Ablehnung, die traditionelle Familie als einzigen legitimen Ort der Fortpflanzung anzuerkennen, absolute Beachtung der Meinungsfreiheit usw.).

Die zweite Verantwortlichkeit ist moralischer Natur und typisch für den Salafismus: Selbst wenn die salafistischen oder assimilierten Prediger beweisen können, dass die Terroristen nicht aus ihren Gemeinden hervorgegangen sind (was statistisch gesehen der Wahrheit entspricht), so verhindert dieser Umstand nicht, dass sie doch erklären müssen, was es mit der großen inhaltlichen Nähe zwischen einigen ihrer Themen und den Konzepten des IS auf sich hat. Ein Fall unter vielen: Ende der 1990er Jahre war ein Buch unter jungen französischen Salafisten besonders beliebt, nämlich *La Voie du musulman – Minhaj al-moslim*, verfasst von Abu Bakr al-Jazairi, einem aus Algerien stammenden und seit 1950 in Medina ansässigen salafistischen Rechtsgelehrten. Dieses Buch löste nach und nach *Das Erlaubte und das Verbotene* von Yusuf al-Qaradawi – das als zu liberal galt – in den Schaufenstern der Buchhandlungen der Pariser Rue Jean-Pierre-Timbaud ab. Allerdings enthält *La Voie du musulman* ein Kapitel über die Behandlung von Sklaven im Geiste des Islam, völlig losgelöst von jeglichem historischen Kontext. Als ich das Buch vor etwa zwanzig Jahren las, fragte ich mich, was dieser Aspekt den jungen Muslimen aus »Problemvierteln« eigentlich zu sagen hatte. Aber einige von ihnen haben inzwischen eine Antwort gefunden – in Syrien, im islamischen Kalifat. Natürlich ist es auf lange Sicht unhaltbar, die Sklaverei zu institutionalisieren, aber weil der Tod und das Weltende nah sind, spielt dieser Aspekt nicht wirklich eine Rolle.

Sind die jungen Leute, die sich dem IS anschließen, tatsächlich auf einer religiösen Linie mit dem Kalifat? A priori nein, denn die meisten derer, mit denen wir uns beschäftigt haben, waren in der Vergangenheit eher Anhänger von al-Qaida. Seither aber hat der IS, zumindest vorübergehend, auf dem Gebiet der islamischen Revolte die Oberhand gewonnen, und das hat den von ihm proklamierten religiösen Anschauungen eine gewisse Geltung verliehen. Dennoch darf man auch weiterhin die Unterscheidung zwischen dem IS und seinen Rekruten nicht außer Acht lassen, und man sollte sich dem Phänomen weniger durch die Texte als durch den Kontext nähern: Wie leben die Akteure, und wie etablieren sie ihre religiösen Normen?

Hier gibt es zwei unterschiedliche Herangehensweisen. Die westlichen Rekruten kennen sich kaum mit religiösen Angelegenheiten aus und sind von der richtigen religiösen Praxis nicht allzu besessen, wie die Beschreibungen der jungen Leute, die sich in Syrien niedergelassen haben, deutlich machen: Sie tun sich schwer mit der Disziplin, auch der religiösen. Der IS dagegen führt vordergründig einen gelehrten Diskurs, auch wenn einem dessen kasuistische Dimension förmlich ins Gesicht springt (in Textverweisen und in der Argumentation wird nur ein Anschein von Orthodoxie aufrechterhalten). Was hat es also mit der Orthodoxie des IS auf sich?

Ist der IS salafistisch?

Unter Islamwissenschaftlern ist die Unterscheidung zwischen dem »wissenschaftlichen« Salafismus (elmi), der Dschihadismus und Takfirismus ablehnt und sich von der Politik fernhält (das Modell der saudischen Wahhabiten), und dem dschihadistischen Salafismus von al-Qaida, IS und jungen Radikalen zu einem Gemeinplatz geworden. Auch ich habe diese These lange vertreten, doch mittlerweile sind mir Zweifel daran gekommen. Ja, der Islam des IS und des Salafismus haben klare gemeinsame Muster: strikte Anwendung der von der Scharia vorgesehenen Strafen (ḥudūd), Rückkehr zu Praktiken wie zur

Zeit des Propheten, Warten auf die Apokalypse, Ablehnung
jeglicher Verbindung mit den Kafirn oder mit den »Leuten der
Schrift«,[63] Besteuerung der Christen nach dem Status der
Dhimma, Hass auf Schiiten, Häretiker und Glaubensabtrünnige. Ich sehe aber auch große Unterschiede, nicht nur bezogen auf den Dschihad.

So ist die Konzeption der Frau und der Sexualmoral beim
IS nicht salafistisch. Paradoxerweise hat er die Idee einer gewissen Autonomie der Frau übernommen, und seine Anhänger kennen »moderne« Sexualpraktiken in ihren pervertierten
Formen. Eine muslimische Frau kann sich mit oder ohne
Mahram, also einem männlichen Familienmitglied als Begleiter, auf Hidschra begeben:

> Das erste Hindernis für die Frau, die Hidschra machen
> möchte, ist ihre Familie. Und ihr wisst ja, was eine Familie
> alles bedeuten kann! In den allermeisten Fällen bestehen die
> Familien aus weltlichen Muslimen, und wollte man mit diesen
> Leuten über die Hidschra sprechen, könnte man gleich mit
> dem Kopf gegen einen Fels anrennen. Deshalb sage ich hier
> und jetzt und an die Adresse all der Hartherzigen, die die
> Ehre unserer keuschen Schwestern in den Schmutz getreten
> haben: Die Hidschra aus dem Dar al-Kufr [dem Land der
> Ungläubigen] ist eine Pflicht für jede Frau, egal ob sie einen
> Mahram bei sich hat oder nicht, unter der Bedingung, dass sie
> für sich einen relativ sicheren Reiseweg finden kann und in
> der Furcht Allahs lebt.[64]

Wie immer beim IS wird diese Regel durch die gelehrte Überlieferung gerechtfertigt, allerdings ist es sehr zweifelhaft, ob
dazu ein einhelliger traditioneller Standpunkt existiert, wie die

Zeitschrift *Dar al-Islam* behauptet: »Al-Qurtubi hat gesagt: Alle Gelehrten stimmen darin überein, dass die Frau verpflichtet ist, auch ohne Mahram zu reisen, wenn sie um ihre Religion fürchten muss oder wenn sie aus dem Land des Unglaubens auswandert.« (Al-Moufham, *Charh sahih Mouslim*, Bd. 3, S. 450)[65]

Was die Behandlung von Sexsklavinnen betrifft, so respektiert man keine Schamgrenzen (gegebenenfalls entkleidet man sie in aller Öffentlichkeit, damit der Käufer sie besser taxieren kann, was den Vorstellungen ähnelt, die sich orientalistische Maler des 19. Jahrhunderts von Sklavenmärkten machten, und keineswegs den tatsächlichen Sexualpraktiken der Salafisten, die sexuelle Handlungen allein in der Intimsphäre eines Privathauses vollziehen). Ihr »Tauschhandel« mit Frauen und Witwen, gleich ob es sich um Sklavinnen handelt oder nicht, respektiert bei Weitem nicht immer das Prinzip der Iddah, der »Wartezeit im Witwenstand« (drei Menstruationszyklen warten, um sicherzugehen, dass die Frau nicht vom vorhergehenden Mann schwanger ist); dieses Problem regeln sie von Fall zu Fall mit der erzwungenen Einnahme der Antibabypille. Und auch ihre Sexualpraktiken haben nichts »Orthodoxes« an sich.

A priori zeigen sie keinerlei Respekt vor den Eltern. Falls diese sich der Entscheidung ihrer Kinder entgegenstellen, soll man nicht auf sie hören. Es kommt sogar vor, dass Mütter, die ihre Kinder hindern wollten, in den Dschihad zu ziehen, von jungen Dschihadisten ermordet werden.[66] Die Salafisten hingegen bringen zwar dem Tod im Kampf Wertschätzung entgegen, aber dieser Tod darf für sie keine freiwillige Entscheidung sein, die einem Selbstmord gleichkommt, denn das hieße, in Gottes Ratschluss einzugreifen. Bei den Salafisten darf man den Ungläubigen natürlich die richtige Lehre predigen, falls man mit ihnen verbündet ist; man soll möglichst keinen Umgang mit ihnen pflegen, aber man kann sie nicht zur Konversion zwingen. Die Zeitschriften des IS aber quellen über von Ergüssen über die Tatsache, dass Unglauben an sich schon den Tod verdient hat, dass also der Kampf nicht nur den Schutz der Ummah zum Ziel hat, sondern auch die zwangsweise Konversion der ganzen Welt.

Wie versöhnt der IS diese Widersprüche? Ganz einfach dadurch, dass er sich einer schwer verdaulichen, in einen juristischen Wortschwall gekleideten Kasuistik bedient: Man zitiert eine ganze Reihe Rechtsgelehrter, die zu allen möglichen Themen (Sklaverei, Massaker an Gefangenen, Behandlung der Christen, Schicksal der Glaubensabtrünnigen, Attentate, Aufnahme ins Paradies) ihre Meinung kundtun (natürlich immer im Sinne des IS). Aber wieder einmal werden diese Autoren in keinerlei Kontext gestellt: Es gibt keine Ortsangaben, keinen Hinweis auf ihre Stellung, es wird allenfalls, aber auch nicht immer, ein Datum genannt. So wird der Eindruck erweckt, als hätten die Gelehrten aller Zeiten immer nur die Fragen behandelt, die auch den IS beschäftigen. Diese Anhäufung unwiderlegbarer Argumente soll einen Anschein von Wahrhaftigkeit erzeugen und wirkt auf die Neophyten zweifellos beeindruckend.

Hier zum Beispiel die reichlich »verdrehte« Begründung zur Rechtfertigung des Selbstmordattentats:

Viertens erzählt Imam Muslim in seiner Sahih Nr. 3005 die Geschichte von der Schlucht, auf die die Sure Al-Buruj (die Konstellationen) anspielt: Der ungläubige König versuchte mit allen Mitteln, den jungen Gläubigen zu töten, aber jeder

Versuch misslang. Schließlich sagte der Junge zu ihm: Wenn du mich töten willst, hast du nur eine Möglichkeit: Versammle dein ganzes Volk an einem Ort; dann kreuzigst du mich auf dem Stamm einer Palme; du nimmst einen Pfeil aus meinem Köcher, legst den Pfeil in der Mitte deiner Bogensehne an und sprichst: »Im Namen Allahs, des Herrn dieses Jungen«, dann schießt du auf mich. Der König gehorchte und so gelang es ihm, den Jungen, wie vorhergesagt, zu töten, aber sein versammeltes Volk sagte: Wir glauben an den Herrn und Meister dieses Jungen! (...) Ibn Taimīya hat dazu gesagt: Muslim erzählte in seinem Sahih die Geschichte von den Leuten aus der Schlucht, in der das Kind befiehlt, dass man es für das Heil der Religion töte. Deshalb erlauben die vier Imame einem Muslim, dass er sich sogar dann in die Reihen der Feinde begibt, wenn sein Tod so gut wie sicher ist, unter der Bedingung, dass sein Handeln den Muslimen dient. (Madjmou' al-Fatawa, 28/540)[67]

Dieser Gedankengang wird auch in der Argumentation benutzt, die verschiedene vom IS verhängte, aber im Koran nicht vorgesehene Todesstrafen rechtfertigen soll. Zum Beispiel erklärt man für erlaubt – da man ja Gleiches mit Gleichem vergelten darf –, wenn man Bedingungen, unter denen Muslime zu Tode kamen (Explosion, Feuersbrunst), reinszeniert und Gefangene, die mit solchen Vorfällen in Verbindung gebracht werden, auf diese Weise tötet. Das alles wird durch die Ablehnung der Nachahmung, Taqlid, auch der früheren Rechtsgelehrten gerechtfertigt (ein Widerspruch, da man sich auf die Argumentationen gerade dieser Rechtsgelehrten beruft). Kurzum, man gebraucht eine klassische Kasuistik und führt durch die Hintertür das Recht auf Erneuerung ein – für Salafisten ein absolutes Unding.⁶⁸ Zu guter Letzt darf man nicht vergessen, dass der IS sämtliche von seinen eigenen abweichenden Interpretationen des Islam zurückweist, und unter den Gruppen und Personen, die er bekämpft, finden sich natürlich alle Anhänger eines »verwestlichten« Islam, aber auch die Muslimbrüder und – die Salafisten.

Damit ist die Diskussion keineswegs beendet. Es öffnen sich aber Wege zu einer eingehenderen Beschäftigung mit der Religion des IS.

Sind die jungen Radikalen Salafisten?

Die Frage nach der Religiosität der Terroristen und Dschihadisten haben wir bereits angesprochen. Diese Religiosität ist keineswegs nur eine Copy-and-paste-Version der Anweisungen des IS: Erst in Syrien wird ihnen, oft zu ihrem Verdruss, das strikte Regelwerk klar, das den Alltag prägt. Ein Problem, das sich bei al-Qaida nicht stellte, insofern als der, der in den Dienst dieser Organisation trat, lediglich für die Zeit, die er im Ausbildungslager verbrachte, streng nach dem islamischen Gesetz zu leben hatte. Übrigens waren weder Osama Bin Laden noch Ayman al-Zawahiri an einer Diskussion über die Scharia im Alltag interessiert. Wie sich die Radikalen zu den islamischen Gesetzen verhalten, kann man also nur anhand ihres Verhaltens im Westen oder in den Ländern, wo sie leben, untersuchen. Dass die jungen Radikalisierten nicht salafistisch sind, zeigt sich zuallererst an der Orthopraxie: Die Glaubensvorschriften, die fünf Gebete, die Speisegesetze spielen im Alltag keine Rolle. Man weiß ziemlich genau, wie sich die Terroristen in den Monaten vor ihrer Tat verhielten (die Brüder

Abdeslam beispielsweise gehen in Clubs) oder auch was sie in den Stunden vor den Attentaten machten: Die beiden Überlebenden Abaaoud und Abdeslam halten sich nicht mit Beten auf und verschwenden auch keine Zeit mit der Suche nach einem Halal-Sandwich, überdies unterhalten sie sexuelle Beziehungen zu mehreren jungen Frauen.

Für einen Salafisten aber lässt sich ein laxes Befolgen der strengen Alltagsregeln durch nichts rechtfertigen, abgesehen von den in der Scharia festgelegten Ausnahmen. Wenn der Tod bevorsteht, befreit das nicht von der Ehrfurcht vor dem Gesetz, ganz im Gegenteil.[69] Für junge Salafisten gibt es keine Abkürzung ins Paradies. Die jungen Radikalen hingegen verzichten auf der Suche nach der Abkürzung auf die reguläre Glaubenspraxis. Für die Salafisten (und übrigens für viele andere Muslime) hat die Befolgung des Gesetzes vor allem einen pädagogischen Charakter: Sie reinigt und bereitet auf das Jüngste Gericht vor. Das Leben hat einen Wert und eine Funktion: die Vorbereitung auf das Jenseits. Deshalb ist es auch unmöglich, das Leben zu verachten und den Tod zu lieben, denn das Leben ist ein Geschenk Gottes an den Gläubigen, damit er dadurch zum Heil gelange. Christlich ausgedrückt befreit die Gnade, die schon empfangen wurde, nicht vom Gesetz.

Wie bereits gesagt hat auch die Beziehung der Radikalen zu Familie, Ehefrauen und Kindern nichts Salafistisches an sich: Sie lehnen ihre Eltern ab, leben in relativer sexueller Promiskuität und verlassen ihre eben gegründete Familie, um sich töten zu lassen. Der IS liefert ihnen eine bessere »Übersetzung«, um ihre Beziehung zu Gewalt und Sex in religiöse Worte zu fassen, als der Salafismus, der puritanischer und weniger der Faszination der Gewalt erlegen ist. Ihre Musik (Naschid und sogar verschiedene Formen des Rap und

Hiphop) ließe viele salafistische Scheichs die Nase rümpfen. Sie kleiden sich entweder westlich oder als Mudschahid mit langem Haar. Kurz: Sie sind zwar gläubig, aber keine echten Salafisten.

Um es noch einmal zu sagen: Das soll nicht den Salafismus von seiner Verantwortung freisprechen (soziale Abspaltung und Schweigen zum Thema Gewalt), aber es zeigt, dass der Salafismus nicht die Quelle der Radikalisierung ist, auch wenn sein Erfolg auf den gleichen sozialen Mechanismen, den gleichen Auswirkungen der Generationenfrage beruht, die auch bei den Radikalen am Werk sind. Denn der Salafismus rekrutiert seine Anhänger aus demselben Personenkreis wie die Dschihadisten: Angehörige der zweiten Generation und Konvertiten. Es gibt vergleichbare Muster, aber keinen kausalen Zusammenhang.

Dekulturation des Religiösen und symbolische Gewalt

Zurück zu der eingangs aufgeworfenen Frage: Warum betrifft die Radikalisierung in den vergangenen zwanzig Jahren vor allem Angehörige der zweiten Generation und Konvertiten? Weil nämlich diese beiden Personengruppen, entweder situations- oder wahlbedingt, die kulturell verankerte Religion ihrer Eltern verloren haben. Infolgedessen schaffen sie sich, so wie die Salafisten, eine neue sozial und kulturell nicht verankerte Religion aus frei kombinierten Versatzstücken. Ja, sie preisen sogar diese ihre Dekulturation, weil sie dadurch von kleinen Lichtern zu strahlenden Helden einer gleichmachenden Globalisierung werden. Sie sind also offen für religiösen Fundamentalismus und für die Suche nach einer weltumspannenden

Sache, oder vielmehr nach einem »globalen Sein«, das die Wurzeln, die ihnen fehlen, überflüssig macht.

Natürlich betreffen diese Phänomene von Dekulturation und Rekonstruktion des Religiösen nicht nur Angehörige der zweiten Generation und Konvertiten, selbst wenn Vertreter dieser beiden Gruppen sich vermutlich am häufigsten in Situationen konfliktreicher Dekulturation befinden. Diese Dekulturation geschieht auch in situ, was mit Sicherheit erklärt, warum Maghrebiner (und Bewohner ehemaliger Sowjetrepubliken) im internationalen Dschihadismus überrepräsentiert sind. In diesen Weltgegenden gibt es den härtesten Sprachkonflikt: Im Maghreb produziert die Konkurrenz zwischen den lokalen Sprachen (Berberisch und maghrebinisches Arabisch), Französisch und Hocharabisch einerseits perfekt dreisprachig gebildete Intellektuelle und marginalisiert andererseits all diejenigen, die in keiner der Sprachen einigermaßen alphabetisiert wurden. Die postkoloniale Arabisierung hatte fast ebenso negative Auswirkungen wie die Französisierung der Kolonialzeit. Eine identische Situation findet sich in ex-sowjetischen Ländern: Der Kampf des kommunistischen Regimes gegen den traditionellen Islam hat für die Salafisten und Dschihadisten eine Tabula rasa gemacht. Zweifelsohne sind Tschetschenen und Dagestaner deshalb unter den Dschihadisten relativ stark vertreten, weil für die Tschetschenen der Generationenbruch besonders gravierend war (Deportation im Jahr 1944), während die Einwohner Dagestans einen besonders harten Bruch bezüglich ihrer Sprache erlebten (sie besitzen keine gemeinsame eigene Sprache und sprechen daher Russisch miteinander). Dasselbe trifft auf die kosovarischen Dschihadisten zu, die weit zahlreicher vertreten sind als ihre albanischen Brüder: Die älteren unter ihnen wurden vom

IS in ein »jugoslawisches« Bataillon eingegliedert, also in eine Umgebung, wo man sich des Serbokroatischen als gemeinsamer Sprache bedient (ironischerweise ist der letzte Avatar der jugoslawischen Identität ausgerechnet ein in Syrien basiertes »dschihadistisches Bataillon«!); die Jüngeren, die nicht Serbokroatisch sprechen, gehören zu einem »albanischen«[70] Bataillon. Die in Europa lebenden Türken hingegen sind im internationalen Dschihadismus unterrepräsentiert, weil die Überlieferung ihrer Sprache und ihrer traditionellen Religion auf festen Füßen steht (holländische Dschihadisten sind meist Maghrebiner oder Konvertiten). Aber auch junge Leute pakistanischer Herkunft sind unter den Dschihadisten überdurchschnittlich häufig vertreten, so wie die Schwarzen unter den Konvertiten (das gilt für ganz Europa). In Pakistan ist die Sprachenfrage von zentraler Bedeutung, weil das Urdu, das die Muttersprache nur eines kleinen Teils der Bevölkerung ist, in der Emigration verschwindet und innerhalb der Gemeinschaft durch Englisch als Verkehrssprache ersetzt wird. In Belgien überwiegen Frankophone: 45 % der Dschihadisten kommen aus Brüssel (eine frankophone Stadt), 45 % aus Flandern, 10 % aus der Wallonie; und wenn man berücksichtigt, dass es in Belgien mehr Flamen als Frankophone gibt, bedeutet es, dass dieses Ungleichgewicht in relativen Zahlen noch viel größer ausfällt.

Die Dekulturation der Religion erklärt, warum diese in der Form des Fundamentalismus neu geschaffen wird. Weil die Religion ihre soziale und kulturelle Selbstverständlichkeit verliert, bringt die Dekulturation außerdem symbolische Gewalt in erheblichem Ausmaß mit sich – auch wenn sich diese Gewalt nicht notwendig in dschihadistischen Radikalismus verwandelt.

Nicht nur Immigration oder Globalisierung sind die Ursachen dieser Dekulturation. Auch die Säkularisierung gehört dazu. In europäischen Gesellschaften ist das unmittelbare Verständnis von Religion weitgehend verloren gegangen: In der Öffentlichkeit wird sie als eine Form der Identität (christliche Identität Europas) eben noch hingenommen, aber nicht als Glaube und immer weniger in Form einer öffentlich sichtbaren Praxis (höchstens als Folklore) akzeptiert. Weder die populistische oder identitäre Rechte noch die multikulturelle Linke sehen in der Religion mehr als eine »kalte Kultur«, und sie bedenken dabei nicht den Zerfall der Werte: »Identitäre« Christen und »bekennende« Christen teilen nicht mehr dieselben Werte, ein Umstand, auf den Papst Franziskus immer wieder hinweist. Die Populisten sind keine »Christen« mehr: Entweder vertreten sie offen die Werte der triumphierenden Moderne (Feminismus, LGBT-Rechte, sexuelle Freiheit) und erklären diese sogar zum Inbegriff europäischer Normen (wie etwa der Holländer Geert Wilders), oder sie gehen diskreter vor und hüten sich, die konservative Revolte (etwa die »Demo für alle«) auf dem Gebiet der Moral und der Werte offen zu unterstützen (Marine Le Pen). Sogar die italienische Liga Nord (wertkonservativ) greift Bischöfe an, die die christliche Caritas als Gegenpol der christlichen Identität betrachten. Nur die polnische PiS bildet in Europa eine Ausnahme, weil sie als einzige Partei zugleich katholisch und populistisch ist, aber sie ist noch zu neu, als dass darüber ein abschließendes Urteil gefällt werden könnte.

Heutzutage ist es skandalös, wenn ein religiöses Zeichen im öffentlichen Raum als dezidiert religiöses Symbol auftaucht: Man denke nur an den Schleier, aber auch an die Kippa oder die Soutane oder sogar an halal und koscher. Längst vergangen ist die Zeit, da der zum Abgeordneten gewählte Abbé Pierre mit seiner Soutane und einer Schärpe in den Farben der Trikolore vor der Nationalversammlung erschien. Der Laizismus ist nicht mehr bloß ein juristisches Neutralitätsprinzip des Staates, er wurde inzwischen auch zum Prinzip der Verbannung der Religion aus dem öffentlichen Raum. Heute hört man immer wieder, Laizismus bedeute, dass Religion Privatsache bleiben solle, was tatsächlich im Gegensatz zum Geist und Buchstaben des Gesetzes von 1905 steht: Dieses Gesetz regelt eben nicht den Glauben, sondern die Kulte, also die religiöse Praxis im öffentlichen Raum.

Im Grunde ist die französische Laizität nichts weiter als die ideologischste und unmissverständlichste Form der Säkularisierung. Das erklärt zweifellos auch, warum die tatsächlich vorhandene, wenn auch gelegentlich übertrieben dargestellte Korrelation zwischen Frankophonie und Radikalisierung einen Sinn ergibt.[71] Denn in Gesellschaften mit einer französischen Kultur wird das Religiöse am stärksten »dekulturiert«, und zwar dadurch, dass sie das Religiöse explizit als das »Andere« des sozialen Zusammenhalts konstruieren. Natürlich ist der Druck, den die Laizität ausübt, keine hinreichende Erklärung für die radikale Revolte, denn wie wir bereits gesehen haben, sind die Dschihadisten keineswegs Gläubige, die nach dem Konkordat streben: Es wäre falsch, die dschihadistische Radikalisierung als eine Form des Protests gegen die Laizität zu sehen, mit der sie nichts zu tun haben, weil sie nicht kompromissbereit sind. Die Sprachenfrage ist für das Verständnis der Beziehung zwischen Frankophonie und Radikalismus womöglich viel wichtiger. Die Länder des Maghreb sind nicht laizistisch im französischen Verständnis, ihre Beziehung zur Sprache, und damit zur Kultur und auch zur Religion, ist kompliziert: Die algerischen und tunesischen »Laien« wollen das Übel an der Wurzel packen, sie wollen sämtliche Islamisten aus dem politischen Spiel verbannen und die Religion im öffentlichen Raum möglichst unsichtbar machen.

Kurz gesagt geht es hier weniger um den Rassismus gegen Immigranten (den es natürlich gibt, darauf werden wir noch kommen) als um die Vertreibung des Religiösen, also auch des Islam, aus dem öffentlichen Raum, was ihn automatisch Radikalen und Autodidakten in die Hände spielt. Wer in der sowohl religiösen als auch politischen Radikalisierung nur eine Folge von Rassismus und kolonialem Erbe sieht, der verkennt, dass es keine Spaltung zwischen »geborenen Muslimen« und »echten Franzosen« gibt: Allein an den Unterschriften unter verschiedenen Petitionen lässt sich ablesen, dass die Trennlinie nicht zwischen muslimischen und französischen Intellektuellen verläuft. Die Kluft hat mit Meinungen zu tun, nicht mit Herkunft: Die glühendsten Gegner des Schleiers sind in Frankreich Menschen, die aus dem Maghreb stammen.

Laizität und Fundamentalismus sind folglich zwei Produkte der Säkularisierung und Dekulturierung des Religiösen. Der Laie empfindet alles Religiöse, das sich nicht in privaten Räumen abspielt, als bizarr. Und genau dieses »Bizarre« wirkt anziehend auf gewisse junge Leute, die auf der Suche nach einem Bruch und nicht auf Anpassung aus sind. Sie protestieren nicht gegen Islamophobie, weil auch sie glauben, dass der Islam und der Westen zutiefst unvereinbar sind. Sie eignen sich abschreckende Attribute an (Burka, Turban, Waffen natürlich, darunter besonders gern Säbel und Messer). Sie durch die Praxis eines guten gemäßigten Islam mit guten gemäßigten Imamen »heilen« zu wollen, wäre absurd. Sie suchen die Radikalität um ihrer selbst willen.

Jugendgewalt: Rebellen auf der Suche nach Sinn

Es mag sein, dass Dekulturation religiöse Verkrampfung hervorbringt, aber das erklärt immer noch nicht den Übergang zum Terrorismus, denn, das haben wir oben bereits gesehen, dschihadistische und terroristische Gewalt ist etwas ganz Eigenes und keine automatische Folgeerscheinung des Salafismus. Diese diachrone Herangehensweise[72] ist zwar Futter für die Vorstellungswelt der Radikalen (und der Islamkritiker), vermag aber noch lange nicht deren Gewalttätigkeit verständlich zu machen. An dieser Stelle hilft eine synchrone Betrachtung ähnlicher Phänomene: andere Formen der »Jugendgewalt« in unseren heutigen Gesellschaften, die unabhängig vom ethnischen oder religiösen Kontext existieren.

*Warum die generationsbezogene und revolutionäre
Radikalität fortbesteht*

Seit den 1960er Jahren lässt sich beobachten, dass ein Raum für generationsbezogene Proteste entsteht, der zunächst von der extremen Linken, dann, seit den 1990er Jahren, vom radikalen Islamismus beansprucht wurde. David Vallat drückt es in seinen Memoiren so aus: »Wir hätten auch Militante der Action Directe oder der RAF werden können.«[73] Und weder Jean-Marc Rouillan, ein Überlebender der Action Directe, der seine Bewunderung für den Mut der Mörder im Bataclan zum Ausdruck brachte, noch Carlos, der Kopf einer Serie pro-palästinensischer Attentate in den 1970er und 1980er Jahren, der im Gefängnis zum Islam konvertierte und dort das Loblied Bin Ladens sang, wird dem widersprechen. Diese Verschiebung vom Linksextremismus zum Islamismus ist kein Phänomen, das sich auf die globalisierten Radikalen beschränkt: Sie lässt sich auch bei pro-palästinensischen Kämpfern im Libanon beobachten.[74]

Generationsspezifische Revolten, von der chinesischen Kulturrevolution über die Roten Khmer bis zum IS, sind getrieben von dem Willen, Tabula rasa zu machen, das Gedächtnis auszulöschen, im Verhältnis zu den Eltern die Meister der Wahrheit zu werden. Dass die jungen Radikalen auf die Barrikaden gehen, ist keine Fackelübergabe, auch keine Übertragung der Revolte, sondern die Folge eines schwarzen Lochs im Gedächtnis, des Schweigens oder der Feigheit der Eltern. Die Baader-Meinhof-Bande warf der älteren Generation ihr Schweigen über die Nazizeit vor, die Kinder der Algerier, die in den 1960er Jahren nach Frankreich emigrierten, verstehen nicht, wie die große epische Erzählung über den nationalen Widerstand gegen die Franzosen ausgerechnet mit der Emigration nach Frankreich enden konnte, nur um dort in ähnlicher Knechtschaft weiterzuleben.

Diese beiden Protestformen (Linksextremismus und radikaler Islamismus) haben eine gemeinsame Struktur. Sie sind generationsspezifisch: Von der Kulturrevolution über die Baader-Meinhof-Bande bis zum IS wirft man den Eltern »Verrat« vor (an der Revolution, an der Demokratie, am Islam) und die Wahrheit nicht weitergegeben zu haben. Was darauf folgt, ist eine globale Revolte gegen die Weltordnung und keine nationale Befreiungsbewegung. Dieses globale Ideal war zunächst DIE Revolution (die permanent und weltweit geschehen sollte, mit »drei, vier Vietnams«, mehreren zu allem entschlossenen *foco*, wie Che Guevara die Aufstandsherde nannte) ... Und jetzt ist es DER Dschihad mit mehreren lokalen Emiraten, den neuen *foco*, und einem vergleichbar starken Willen, die westlichen Truppen aufzuhalten. Diese Situation impliziert das gleiche revolutionäre Nomadentum, angeführt von Avantgarden, die immer professioneller werden: Man zieht von *foco* zu *foco*, von Dschihad zu Dschihad. Egal wo die Revolution sich gerade abspielte, ob in Bolivien, Vietnam, Dhofar oder Palästina, immer verlief sie positiv, immer identisch. Später, beim Dschihad, waren es Afghanistan, Bosnien, Tschetschenien oder jetzt »Ahrar al-Sham«. Aber auch die Konterrevolution definierte sich durch eine Art räumliche, zeitlose Abstraktion: In Malaisia, Vietnam, Algerien – überall wandte man dieselben Methoden an ... Die Revolution wurde von beiden Seiten auf ihr Wesen reduziert: So wird das Universum der Sicherheitskräfte und der Konterguerilla keine Schwierigkeiten haben, sich als Antiterrorismus neu zu erfinden. So wird der Antiterrorismus heutzutage selbst zu einer Wissenschaft, die versucht, denselben abstrakten Gegenstand in einem vollkommen anderen Kontext zu begreifen.

Die Revolte wird im Namen einer globalen und virtuellen Gemeinschaft von Unterdrückten geführt: »des internationalen Proletariats« oder »der muslimischen Ummah«, obwohl die Beziehung zwischen den Militanten und der jeweiligen Gemeinschaft mehr als angespannt ist (weder Baader noch Guevara waren Proletarier, ebenso wenig wie die Mörder im Bataclan fromme Muslime waren, die unter Islamophobie zu leiden hatten). Der Bruch mit der herrschenden Ordnung ist unwiderruflich: Kompromisse werden nicht gemacht, Allianzen nicht geschmiedet. Die Mobilisierung findet in einer mehr oder weniger romantischen Vorstellungswelt aus Heroismus, Opfer und Selbstverwirklichung statt, hin und her gerissen zwischen salafistischem oder maoistischem Puritanismus und der offen zu Schau gestellten (Macho-)Sexualität der lateinamerikanischen Guerilleros.

Bei al-Qaida und dem IS bleibt der Dritte-Welt-Aspekt ein wichtiges Element. Alle Militanten heben hervor, in der Organisation gebe es keinen Rassismus. Wie wir gesehen haben, sind unter den Konvertiten überproportional viele Schwarze aus der »Dritten Welt« ihrer jeweiligen Herkunftsländer: britische Jamaikaner, Frankophone von den Antillen, La Réunion oder aus Afrika, angolanische Portugiesen (»Luso-Afrikaner«). In Deutschland wird dieser Platz von Mischlingen besetzt, etwa durch den am 18. Oktober 1975 in Berlin-Kreuzberg geborenen deutschen Rapper Denis Cuspert, besser bekannt als Deso Dogg oder Abu Talha al-Almani; sein Vater ist Ghanaer, seine Mutter Deutsche und in zweiter Ehe mit einem afroamerikanischen Offizier verheiratet (der Rapper konvertiert 2010 unter dem Einfluss des Boxers und Konvertiten Pierre Vogel); der vorläufig Letzte in dieser Reihe ist Harry Sarfo. In Holland bestand die Gruppe Hofstad (verantwortlich für den Mord an Theo van Gogh) unter anderem aus zwei konvertierten Brüdern (die Walters-Brüder) mit einer holländischen Mutter und einem afroamerikanischen Vater, der Offizier war.

Das Abgleiten des Linksradikalismus zunächst in den Islamismus und dann in den radikalen Islamismus begann mit der islamischen Revolution im Iran, international gesehen eine antiimperialistische Revolution in der Dritten Welt. Erinnern wir uns daran, dass Teherans Freunde nicht die islamischen Staaten waren (die sich fast alle blamierten), sondern die Sandinisten und Kuba; aus dieser islamisch-linksextremen Koalition ging schließlich die Hisbollah hervor.

Vor allem aber hat sich die westliche extreme Linke in terroristischer Sektiererei verzettelt (Action Directe, Brigate Rosse) und sich an keinem universalistischen Projekt beteiligt. Sie ging daran zugrunde, weil sie das internationale Proletariat nicht gefunden hat – genauso wie der IS daran sterben wird, dass er die globale Ummah nicht ausfindig machen konnte, sondern nur die Randzonen einer Phantasiewelt. Die extreme Linke hat sich vom Universalismus verabschiedet, sie ist jetzt gegen die Globalisierung (Podemos) und strebt wieder nach getrennten Territorien (entweder auf nationaler Ebene – und hierbei trifft sie sich mit den neuen Populismen – oder auf der Ebene kleiner befreiter Gebiete, wie die »Zones à défendre« in Frankreich oder »Occupy Wall Street«). Sie konnte sich nicht entscheiden zwischen Multikulturalismus (und hat damit das Scheitern des eigenen Universalismus anerkannt) und dogmatischem Säkularismus; dadurch sind die Grenzen zu den neuen Populismen verwischt. Im Grunde ist die extreme Linke provinziell geworden.

Für die neuen Rebellen auf der Suche nach einem Sinn bleiben also nur al-Qaida und der IS im Angebot. Und die Wahl wird nicht aufgrund der jeweiligen Strategien dieser Organisationen getroffen, sondern wegen der Perspektiven, die sie dem kleinen Licht bieten, das sich in einen strahlenden Helden verwandeln möchte. Bei diesem Spiel ist der IS konkurrenzlos erfolgreich. Radikale Verneinung, Rache an der Gesellschaft, das alles verkörpert der IS sehr gut. Und sowohl al-Qaida als auch der IS fügen dem radikalen und globalen Protest noch ein neues Element hinzu: die Faszination des Todes, eben das, was ich Nihilismus genannt habe.

Der generationsspezifische Nihilismus

Etwas ist bei den neuen Radikalen radikaler als bei den alten Revolutionären, den Islamisten und Salafisten, nämlich ihr Hass auf die existierenden Gesellschaften, ganz egal ob sie westlich oder muslimisch sind. Dieser Hass kommt im Streben nach dem eigenen Tod zum Ausdruck – und in Massakern mit möglichst vielen Menschenopfern. Sie töten sich mit der Welt, die sie ablehnen. Seit dem 11. September 2001 ist das der bevorzugte Modus Operandi der Radikalen. Der Tod steht also, wie schon erwähnt, im Zentrum ihres Handelns. Diesen Nihilismus teilen sie mit anderen Akteuren.

Der suizidale Massenmörder ist leider eine höchst zeitgemäße Erscheinung. Das Paradebeispiel dafür ist das Columbine-Syndrom: Ein junger Mann kehrt schwer bewaffnet in seine Schule zurück, tötet wahllos so viele Personen wie möglich – Schüler und Lehrer, Bekannte und Fremde –, dann bringt er sich um oder lässt sich von der Polizei erschießen. Vor seiner Tat hat er Fotos, Videos oder Erklärungen auf Facebook gepostet (oder zu der Zeit, als es Facebook noch nicht gab, an anderer Stelle im Internet). Dabei stellte er sich in heroischen Posen zur Schau, voller Vorfreude, dass er nun weltweit berühmt werden sollte. In den USA zählt man zwischen 1999 und 2016 fünfzig Attentate oder Attentatsversuche dieser Art.[75] Was sie mit dem Vorgehen der Dschihadisten vergleichbar macht, ist das Alter der Attentäter, die Inszenierung, der Massenmord und der Tod des Täters.

Es gibt durchaus noch andere Fälle von Massenmord, die aber jedes Mal auf pathologische Ursachen zurückgeführt und Einzeltätern zugeschrieben werden (wie der Killer im Aurora-Kino in Colorado, der während einer Filmvorstellung von *The*

Dark Knight Rises wild um sich schoss – ein Filmtitel, der gut zur Propaganda des IS passen würde; oder der 2015 durch den Kopiloten herbeigeführte Absturz eines Germanwings-Flugzeugs). Aber eine Reihe von Einzelfällen, die nach einem ähnlichen Schema ablaufen, wird allein dadurch zu einem sozialen Tatbestand – genau darauf basiert die Erfindung der Soziologie in Émile Durkheims Buch *Der Selbstmord* (erschienen 1897), wo genau diese Frage behandelt wird. Gewiss, bei von militanten Rechtsextremen begangenen Massakern (Timothy McVeigh in Oklahoma, Anders Breivik in Norwegen) steht die suizidale Dimension weniger im Vordergrund. Dennoch finden sich bei Breivik sehr ähnliche Merkmale: eine große wahnhafte historische Erzählung, Rechtfertigung absoluter Gewalt, Selbstbild des einsamen Helden, Inszenierung im Internet.

Es ist also durchaus normal, dass die Übergänge zwischen einem selbstmörderischen Psychopathen und einem militanten Anhänger des Kalifats fließend sind. Diese Problemstellung führt allerdings in eine Sackgasse, für uns zählt allein die Art und Weise, in der al-Qaida oder der IS ein Handlungsparadigma zur Verfügung stellen, das zu einer großen weltweiten Strategie passt und junge Leute mit unterschiedlichen Motivationen zu faszinieren vermag. So wird der Mörder von Nizza zunächst als Psychopath beschrieben (und er weist auch sämtliche Merkmale eines solchen auf), später dann als militanter Anhänger des IS, der sein Verbrechen minutiös geplant hat. Aber beide Motivationen sind nicht unvereinbar. Das Problem entsteht erst, wenn man den »Wahnsinn« und das Handlungsparadigma, das der Tat zugrunde liegt, getrennt voneinander betrachtet. Das Gericht, das über Breivik urteilte, sah in ihm zunächst einen Verrückten, weil es als zu monströs erschien, seine Tat in eine große, identitäre christliche Erzählung einzubetten. Er selbst forderte aber, man solle über ihn als eine Person urteilen, die frei über ihren Willen verfügte. So war es auch bei Ali Sonboly, dem Mörder von München im Juli 2016: Er wurde zunächst als Psychopath eingestuft (obwohl auch er seine Tat von langer Hand vorbereitet hatte), weil das ideologische Paradigma, das er für sich reklamierte (er tötete Muslime im Namen des Ariertums und nicht im Namen des Islam) als »verrückt« erschien. Umgekehrt geht jeder Psychopath, der, während er jemanden tötet, »Allahu akbar« schreit, als militanter Islamist durch. Kurz gesagt ist der Wahnsinn keine Eigenschaft des Menschen, sondern eine Eigenschaft der Sache, in deren Namen der Mensch handelt.

Von dieser Warte aus gesehen, müsste man endlich auch die chiliastischen, suizidalen Sekten einer neuen Untersuchung unterziehen, etwa den Sonnentempler-Orden, der zwischen 1994 und 1997 vierundsiebzig Tote zählte, Opfer von als Massenselbstmorden kaschierten Exekutionen mit dem Ziel, in die andere Welt zu gelangen (dasselbe gilt für den kollektiven Selbstmord der von Jim Jones geleiteten Sekte Peoples Temple in Guyana im Jahr 1978). Hinsichtlich dieser Ereignisse war viel zu viel von geistiger Manipulation die Rede, ohne dass je ernst gemeinte Fragen zum relativen Erfolg dieser Sekten gestellt worden wären – dabei weisen nihilistische Verhaltensweisen, die sehr unterschiedlichen Milieus entspringen, eine starke strukturelle Ähnlichkeit auf.

Hier soll es nicht darum gehen, all diese Kategorien miteinander zu vermischen. Jede von ihnen ist für sich genommen unverkennbar, aber bei diesen Massenmorden, die von jungen Aussteigern, Nihilisten und Selbstmördern begangen werden, lassen sich einige gemeinsame Merkmale feststellen.

Dass eine Tat begangen wird, ist also Ausdruck einer persönlichen Revolte und basiert auf einem Gefühl der Erniedrigung; man fühlt sich erniedrigt, weil man einer bestimmten virtuellen »Gemeinschaft« von Gläubigen angehört. Die Revolte gründet sich in einer großen Erzählung über die Wiederkehr des goldenen Zeitalters des Islam, einer Art Drehbuch; es ist verfasst nach den Regeln heutiger Gewaltästhetik, die den jungen Mann zu einem Helden und Herrn des Schreckens stilisiert. Diese narrative Konstruktion wird durch Organisationen inszeniert, die aus den konkreten Krisen der muslimischen Welt hervorgegangen sind (al-Qaida, IS) und ihre je eigene Strategie verfolgen (ihre Anführer töten sich niemals selbst). Diese strategische Dimension wollen wir als Nächstes untersuchen.

VIERTES KAPITEL
Aus Bin Ladens Schatten zur Sonne des IS

An al-Qaida hatten wir uns fast gewöhnt: Der Schatten des 11. September, hier und da ein Attentat, ein Drohnenangriff, eine Rede wie eine Platte mit Sprung, ein salbadernder al-Zawahiri, dem man die Rolle als Dr. No nicht abnehmen mochte, eine Karawane aus Geländewagen, die von modernen Kolonialtruppen durch die Sahara verfolgt wurde, und schließlich die Al-Nusra-Front, der schon fast moderat erscheinende letzte syrische Ableger von al-Qaida, die man gern in die Anti-Assad-Koalition integriert hätte, wenn sie nur auf das Label al-Qaida verzichtet hätte – das hat die Al-Nusra-Front dann auch brav getan, als sie, wie der Westen, auf das neue Monster stieß, das den Ruinen von Ninive und Babylon entstieg.

Dennoch, der IS hat im Westen bisher nichts angerichtet, was dem 11. September gleichkäme. Das Erschreckende an ihm ist nicht so sehr die absolute Zahl der Morde, die er begangen hat, als vielmehr sein außerordentliches Talent, den Terror zu inszenieren, also weniger seine Zerstörungskraft als seine Fähigkeit, Angst einzuflößen.

Diese Angst macht uns blind.

Man hat den IS viel zu wörtlich genommen. Das Streben des IS nach einem weltumspannenden Kalifat ist schlicht wahnsinnig, aber gerade das macht ihn für größenwahnsinnige junge Leute so attraktiv. Für sich genommen ist der Anspruch des IS, ein Staat zu sein, gar nicht so verrückt, denn der IS existiert durchaus als regionale politische und militärische

Organisation, allerdings ist er strukturell schwach. Denn, das werden wir noch sehen, der Widerspruch zwischen den beiden Ansprüchen ist unüberbrückbar. Darüber hinaus unterstellt man dem IS eine umfassende Strategie zur Eroberung der Welt (zum Beispiel indem er in westlichen Ländern Bürgerkriege provoziert), jedes Attentat wird, nach geschehener Tat, als endgültiger Wendepunkt oder als neue Strategie eingestuft, und man spekuliert heftig über die Strategien der neuen Lehrlinge in Sachen Weltherrschaft, ohne dabei zu bemerken, was dabei alles Empirie, Zufall, Improvisation und, grundlegender noch, Fehleinschätzung ist. Der Terror ist keine Strategie, er ist Wahnsinn.

Der Mythos von der »dritten Generation« der Terroristen und vom neuen globalen Dschihad

Die Mechanismen, nach denen sich Radikalisierung vollzieht, haben keinen direkten Bezug zu den Strategien der dschihadistischen »Zentren«: Wir haben das daran gezeigt, dass die Terrorzellen des Westens sich immer wieder ähnlicher Handlungsweisen bedienen. Diese Mechanismen sind an die Narrative gekoppelt, die von den Zentren (al-Qaida und IS) konstruiert und in Umlauf gebracht werden. Seit 1995 erneuert sich nach praktisch immer den gleichen Regeln eine ständige Reserve junger französischer Radikaler, obwohl sich ihr dschihadistischer Bezugspunkt in der muslimischen Welt permanent verändert hat. Von 1997 bis 2015 behaupten alle Radikalen, sie gehörten zu al-Qaida, darunter die Kouachi-Brüder, die im Jemen ein Trainingslager dieser Organisation durchlaufen haben. Coulibaly war der Erste, der, wenn auch erst spät

(2015), für sich die Zugehörigkeit zum IS beanspruchte, und er stand in Verbindung mit Kämpfern, die nach Syrien ausgereist waren (ohne selbst hinzugehen): Sein erster Kontakt war also nur indirekt.

Andererseits hatte al-Qaida, seit dem dänischen Karikaturenstreit, *Charlie Hebdo* als Anschlagsziel auserkoren, dieses Attentat war also mitnichten Teil einer »neuen Strategie«. Und schließlich greift der IS von al-Qaida empfohlene Methoden des Terrors auf.[76] Wie bereits Bin Laden veröffentlicht der IS einen Aufruf zum individuellen »handwerklichen« Töten (»Nehmt Autos, nehmt Messer ...«), das sich gegen jedes beliebige Ziel richten kann: Soldaten, Polizisten, Einzelpersonen, Kirchen, Menschenmengen usw. Insofern gibt es also nicht nur eine ständige Reserve, sondern auch einen ständigen Appell. Das Ziel des Ganzen ist die Entfaltung einer Terrorwirkung, nicht das Senden einer bestimmten Botschaft (über die Juden, die Armee, das Christentum), auch wenn sich westliche Kommentatoren nach jedem neuen Attentat über das Thema »neue Strategie des IS« auslassen: Angeblich hatte es der IS im Bataclan auf Multikulti-Hipster, in Nizza auf patriotische Rassisten, in Magnanville auf die Polizei und in Saint-Étienne-du-Rouvray auf das Christentum abgesehen, also kurz auf jeden und jede. Und das ist auch die schlichte Antwort auf die Frage nach Strategie und Ziel des IS: »Wir werden aus Europa einen Friedhof machen«, erklärte Larossi Abballa, der Mörder des Polizistenpaars in Magnanville, in dem Video, das er noch am Tatort auf Facebook veröffentlichte. Ob man sich wirklich eine neue Dschihadisten-Generation vorstellen muss, die durch einen Strategiewechsel im Jahr 2005 zustande kam, angeblich infolge des von al-Suri verfassten Buches, das die Anführer von al-Qaida überzeugt haben soll, auf die Radikalisierung der Muslime im Westen zu setzen, steht also zu bezweifeln.[77] Ab 1998 entschied al-Qaida, im Westen direkt zuzuschlagen, als die Organisation nämlich den globalen Krieg gegen »Juden und Kreuzfahrer« erklärte. Ziel dieser Strategie ist es, die westlichen Staaten von Militärinterventionen in muslimischen Ländern abzubringen – man erreichte damit allerdings genau das Gegenteil. Seitdem ist, wie wir bereits gesehen haben, eine ständige Erneuerung in den Reihen der Attentäter zu beobachten: Zunächst handelte es sich um Emissäre aus dem Nahen Osten (das traf auf einen großen Teil des Teams vom 11. September zu), darauf folgten (in Frankreich seit 1995, in den USA etwas später) die sogenannten Homegrown-Terroristen: Djamel Beghal in Frankreich, José Padilla und Richard Reid in den USA, Jamal Zougam in Spanien. Während dieser Zeit geschahen sowohl Massenmorde als auch gezielte Angriffe, das eine wird also nicht vom anderen abgelöst: Der Versuch eines Anschlags auf den Straßburger Weihnachtsmarkt, die Attentate in Madrid 2004 und in London 2005 waren Massenmorde (2004 wird ein geplantes Attentat auf mehrere Londoner Nachtclubs vereitelt: Alle diese Terroristen waren homegrown). Nicht die Lektüre al-Suris hat al-Qaida zu einer Veränderung seiner Strategie gebracht, sondern schlicht und einfach gewisse Erfahrungstatsachen: Das Franchise-System, der Aufruf zu individueller Aktion, mehr eigenhändige Attentate statt einer so umfassenden Aktion wie am 11. September, das alles wurde lange vor al-Suris Buch vorbereitet, was er übrigens sogar selbst erwähnt: Die Atocha-Operation (Madrid 2004) beschreibt er als Vorbild für künftige Aktionen.[78] Er schlägt vor, das Modell auszuweiten und zu verallgemeinern, aber mit seiner Forderung, vorrangig in muslimischen Ländern zu operieren und die

Westler nur zur Strafe anzugreifen oder um sie von Interventionen in diesen Ländern abzubringen, bleibt er der orthodoxen Lehre von al-Qaida verbunden. Die im Westen lebenden Muslime sind ihm zufolge eine hervorragende Rekrutierungsreserve, aber er spricht nicht vom Kampf der Kulturen oder vom Bürgerkrieg im Westen.

Um dieses Denken zu verstehen, sollte man Brynjar Lias 2007 erschienenes exzellentes Buch lesen, in dem er al-Suris Schriften vorstellt und übersetzt. Alle Experten, die sich mit Radikalisierung beschäftigen, sind sich in diesem Punkt einig: Al-Suri wird von den jungen Radikalen nie erwähnt. Auch der Wissenschaftler Hosham Dawod, der sich mit Bibliotheken und Quellen des IS in den von den Kurden wiedereroberten Gebieten beschäftigt hat, fand nie auch nur die kleinste Erwähnung al-Suris. Die IS-Zeitschrift *Dabiq*[79] diffamiert ihn übrigens als Muslimbruder, was wohl unverständlich wäre, wenn er gleichzeitig der Theoretiker der Organisation gewesen wäre. Al-Suri war zu keinem Zeitpunkt der Theoretiker eines neuen Dschihad, der angeblich 2005 entstand und 2015 im Attentat von Paris kulminierte.

Der IS betritt die Bühne des Nahen Ostens und des Dschihad

Es gibt hervorragende Studien über den IS.[80] Wir müssen hier also nicht noch einmal die Geschichte dieses Phänomens erzählen, sondern wollen nur hervorheben, dass es sich in erster Linie um eine Revolte sunnitischer irakischer Araber handelt, die sich 2005 auch gegen die amerikanische Besatzungsmacht im Irak richtete, nachdem diese den Schiiten die Macht überließ. Eine der Schlüsselfiguren, die in den Zeitschriften des IS immer wieder erwähnt und gepriesen wird, ist Abu Musab al-Zarqawi, ein Jordanier und Angehöriger eines Stamms, dessen Mitglieder auch im Irak leben. Er steht zu dieser Zeit den dschihadistischen Al-Qaida-Netzwerken nahe, die in Afghanistan operiert haben, und er gehört zu den Mitbegründern des lokalen Zweigs der Organisation in der Region Falludscha. Weil Bin Laden sich weigert, ein islamisches Staatsgebilde in den »befreiten« Gebieten aufzubauen, gerät er mit diesem in Konflikt. Er ist der Ansicht, die von Bin Laden vertretene Strategie des globalen und nicht territorialen Dschihad sei an ihre Grenzen gestoßen. Als sunnitischer Araber aus der Gegend des fruchtbaren Halbmonds ist er empfänglicher für die Stimmung in seinem unmittelbaren Umfeld, wo die Unzufriedenheit der sunnitischen Araber gewachsen ist.

Denn die Sunniten fühlten sich von der jüngsten Geschichte zu Recht betrogen. In den Gesellschaften des fruchtbaren Halbmonds, die 1920 aus dem Ottomanischen Reich hervorgegangen waren, waren sie zunächst an der Macht gewesen, aber 2003 war davon nur noch Jordanien als einziger arabischer und sunnitischer Staat geblieben. Die Sunniten mussten mit ansehen, wie zuerst der Libanon gegründet wurde (heute regiert von Schiiten und einem Anteil Christen) und danach Israel, das die palästinensischen Territorien besetzte; dann kam Syrien in den 1970er Jahren unter die Herrschaft eines alawitischen Regimes (das eine sunnitische Revolte 1983 blutig niederschlug); und schließlich fiel der Irak 2003 den Schiiten in die Hände. Durch die Auflösung der irakischen Armee landeten Tausende Offiziere auf dem freien Markt, die es während der Islamisierungswelle im Vorderen Orient im letzten Viertel des 20. Jahrhunderts als unproblematisch empfunden haben, das Barett der Baath-Partei gegen die Kopfbedeckung der Salafisten einzutauschen. Es entsteht ein Bündnis zwischen militanten, aus Afghanistan zurückgekehrten Dschihadisten, lokalen Geistlichen und sogar Stammesoberhäuptern, die immer peinlich darauf bedacht sind, bei politischen und ideologischen Umgruppierungen »mitzuschwimmen«, um ihre Macht vor Ort zu erhalten (weshalb sich nicht nur einer von ihnen später gegen den IS wenden wird). Ihrer aller Hauptfeind sind die Schiiten, nicht die Menschen des Westens.

Die Weiterentwicklung dieses Zweigs von al-Qaida wird schließlich den IS hervorbringen. Al-Zarqawi (2006 getötet) nennt die von ihm in Falludscha gegründete Organisation »Al-Qaida im Irak«, nach 2006 taucht der Name »Islamischer Staat im Irak« (Islamic State of Irak, ISI) auf. Abu Bakr al-Baghdadi, der 2010 die Führung der Gruppe übernimmt, tauft sie in »Islamischer Staat im Irak und al-Sham« um, was auf Englisch entweder als Syrien (daher ISIS) oder Levante (daher ISIL) übersetzt wird; 2014 ruft al-Baghdadi das Kalifat aus und spricht seither nur noch vom »Islamischen Staat« (IS), weil dieser nicht mehr auf ein bestimmtes Territorium beschränkt ist.

Der Bruch mit al-Qaida

Der Bruch mit al-Qaida vollzieht sich Schritt für Schritt, zunächst weil es für den IS Priorität hat, den Dschihad wieder auf einem Territorium zu verorten und lokale staatliche Gebilde zu schaffen, die sich wie ein Ölfleck ausbreiten sollten. Darauf antworten Bin Laden und al-Zawahiri, eine Territorialisierung werde die neu entstehende staatliche Einheit für den Angriff einer modernen Armee verwundbar machen und man solle beim von al-Qaida praktizierten dschihadistischen Nomadentum bleiben, solange man den Westen durch einen Krieg des Terrors nicht genügend geschwächt habe. Ein zweiter Bruch vollzieht sich durch den Kampf gegen die Rāfida, die Häretiker, also die Schiiten. Sowohl für al-Qaida als auch für al-Suri ist das keine vordringliche Aufgabe, auch wenn sie die Schiiten für Häretiker halten. Bin Laden hat immer die Idee vertreten, man solle es sich nicht mit anderen Muslimen verderben: Zwar empfindet er keine Sympathien für moderate Muslime oder Schiiten, aber sie ins Visier zu nehmen, hält er für eine Abschweifung vom eigentlichen Ziel. Der IS hingegen erklärt die Schiiten zum Hauptfeind. Al-Qaida verurteilt ebenfalls die sadistischen Strafmethoden im Irak, weil sie vor allem an anderen Muslimen vollzogen werden.[81] Man sieht an diesen Beispielen, dass, zumindest anfänglich, nicht der IS, sondern al-Qaida für den globalen Islam sprach. Auch al-Suri bleibt dieser Linie treu. Und nicht der IS, sondern al-Qaida versucht, die vereinte Ummah gegen den Westen in Stellung zu bringen.

Anfänglich stehen für den IS die arabische Welt und der Kampf gegen die Schiiten an erster Stelle, während der Krieg im Westen nur ein Mittel ist, die Staaten des Westens von Interventionen im Nahen Osten abzubringen. Erst ab 2015, nach den ersten Niederlagen im Kriegsgebiet (Kobanê), sieht der IS den Krieg im Westen als letzte Hoffnung, sich halten zu können, außerdem wird es durch diesen Krieg möglich, in situ junge Männer, die nicht mehr nach Syrien ausreisen können, zu mobilisieren. Kurz: Nachdem er sie zunächst abgelehnt hatte, greift der IS die Idee von al-Qaida, zuerst den Westen zu zerschlagen, wieder auf.

Mit der Verkündung des Kalifats wird der Bruch mit al-Qaida endgültig vollzogen. Zunächst natürlich, weil sich al-Baghdadi mit diesem »Coup« über al-Zawahiri stellt. Aber vor allem deshalb, weil al-Qaida diese Proklamation für verfrüht hält: Es sind noch nicht alle Bedingungen erfüllt, und der vorhersehbare Sturz des Kalifats wird der moralischen Verfassung der Ummah einen schweren Schlag versetzen. Schon Bin Laden hatte diesen Übergang zum Begriff des Staates verurteilt: Seiner Ansicht nach sollte man Amerika erst in die Knie zwingen, ehe man daran denken konnte, einen islamischen Staat zu schaffen.[82]

Einmischung in den globalen Dschihad

Aber auch der IS mischt im globalen Dschihad mit, und zwar auf zwei Arten. Erstens mit seiner internationalen »dschihadistischen Legion«, die in Syrien an vorderster Front und im Irak etwas weniger prominent kämpft. Zweitens proklamiert er das Kalifat, das aus einem ursprünglich regionalen Ableger von al-Qaida das Zentrum und den Anführer des weltweiten Dschihad macht. Der Geniestreich des IS (der sich vielleicht als tödlich für ihn selbst erweisen wird) bestand darin, dass lokal begrenzte territoriale Ansprüche (zwischen Alawiten, Schiiten und Kurden einen sunnitischen arabischen Raum zu schaffen) im Register des globalen Dschihad neu formuliert wurden. Al-Baghdadi, der spirituelle Anführer des IS, ruft also das Kalifat aus (etwas Vergleichbares ist nach 1924 nicht geschehen, und auch Bin Laden oder Mullah Omar hätten so etwas nie gewagt). Dieser Appell zeitigte unter verwestlichten jungen Leuten, und zwar unter Muslimen wie Konvertiten, eine durchschlagende Wirkung: Die Feinheiten der Lage im Nahen Osten interessieren sie nicht, aber das Konzept des Kalifats gibt ihnen die Möglichkeit, sich als Avantgarde der muslimischen Ummah zu fühlen, obwohl sie selbst in keine einzige Gesellschaft integriert sind. Besonders in Großbritannien war, wie wir bereits gesehen haben, das Terrain durch die Hizb ut-Tahrir (»Partei der Befreiung«) gut bereitet, die auf den Campus der Universitäten vehement Propaganda für ein zukünftiges Kalifat gemacht hatte.

Im Gegensatz zu dem von den Taliban gegründeten islamischen Emirat in Afghanistan lehnt der IS das Konzept eines Nationalstaats mit dazugehörigen Grenzen und Regeln der Diplomatie generell ab. So gesehen führt der Begriff »Islamischer Staat« in die Irre: Dieses Projekt hat keine Ähnlichkeit mit dem der Muslimbrüder jeglicher Couleur. Das Kalifat existiert nur in seiner ständigen Ausdehnung und befindet sich damit in einem permanenten Kriegszustand, denn Verhandlungen gleich welcher Art kann es nicht akzeptieren.

Dieser Umstand hat dazu geführt, dass der IS in den Milieus junger Ausländer rekrutieren kann, die von seiner virtuos mit den Begriffen der »Jugendkultur« spielenden Propaganda fasziniert sind. Diese jungen Leute schließen sich nicht dem IS an, um das Gesetz der Scharia einzuführen (sie leben losgelöst von der Gesellschaft vor Ort), sondern um zu kämpfen – und das vor allem als Selbstmordattentäter. Nach 2011 reisen viele nach Syrien aus, ohne genau zu wissen, wer dort wer ist. Wie sollen sie auch zwischen der Al-Nusra-Front, die al-Qaida treu blieb, und dem IS unterscheiden? Eine Straßburger Gruppe, die 2013 ausreist, gerät mitten in eine Auseinandersetzung lokaler Milizen, die eine Rechnung zu begleichen haben: In Gefechten zwischen dem IS und al-Nusra werden zwei

Brüder getötet; der Mentor der Gruppe wechselt zu al-Nusra, die Übrigen bleiben beim IS. Der IS gewinnt rasch an Ansehen, weil seine Öffentlichkeitsarbeit, seine Erfolge, seine Fähigkeit, sich an die Jugendkultur anzupassen, seine mitreißende Ausstrahlung einfach ohnegleichen sind. Die Marke IS hat sich auf dem Markt durchgesetzt, weil sie den Wünschen der Kunden entspricht, jener jungen Leute also, die auf der Suche nach dem Dschihad sind. Der IS hat die jungen Leute in Molenbeek und Straßburg nicht gezielt ausgewählt: Sie sind freiwillig gekommen. Danach wurden Verbindungen geknüpft und stabilisiert, und zu diesem Zweck besaß der IS in Syrien fest installierte Führungskräfte, die eher als Dispatcher wirkten denn als Rekrutierer. Sie teilten den jungen Freiwilligen Aufgaben zu, die mit den Prioritäten des IS in Einklang standen.

Erst ab 2015, mit den ersten Rückzugsgefechten im Kriegsgebiet, wird der globale Dschihad zur obersten Priorität des IS. Unter der direkten Aufsicht Abu Mohammad al-Adnanis, der Nummer 2 der Organisation, hat der IS es sich zum Ziel gesetzt, so viele Attentate wie möglich in westlichen Ländern zu begehen (und sich nach Asien auszubreiten). Deshalb fordert man die ausländischen Rekruten nun dazu auf, nach ihrem Kampftraining in ihr Herkunftsland zurückzukehren.[83] Die Grenze dieser Strategie ist das Menschenmaterial. Der Terrorismus agiert im Großen und Ganzen im näheren Umfeld des Terroristen: Man schlägt da zu, wo man sich gerade aufhält und wo man das Terrain kennt. Gern würde der IS gleichzeitig in Frankreich, Deutschland und Großbritannien losschlagen, aber in Frankreich hat er viel mehr Freiwillige. Für den IS zählt also weniger die Strategie als der Umfang der Reserve im jeweiligen Einsatzgebiet, er muss mit dem zurechtkommen, was er hat. Hier bei uns hat der IS anscheinend das

Ziel, die westlichen Länder in die Knie zu zwingen, um sie zumindest von einer Intervention in sein Territorium abzuhalten. Weder an den Angriffszielen selbst noch an den Erklärungen des IS lässt sich ein Hinweis darauf ablesen, ob der IS im Westen einen Bürgerkrieg zwischen Muslimen und Nicht-Muslimen anzetteln möchte. Die Unterstellung, der IS wolle einen solchen Krieg dadurch provozieren, dass er Nicht-Muslime gegen Muslime aufhetzt, ist rein spekulativ und hat mehr mit Phantasien à la Houellebecq als mit der Realität zu tun. Wir dürfen nicht vergessen, dass ein Drittel der Opfer des Attentats von Nizza muslimischer Herkunft war. Schließlich findet sich in der Nummer 15 der Zeitschrift *Dabiq* eine lange Abhandlung, in der die gewaltsame Bekehrung aller Christen zum Islam durch Feuer und Schwert zum Ziel des Krieges erklärt wird. Das hat aber mit Strategie nichts mehr zu tun, sondern ist eine reine Wahnvorstellung.

Der (zur Zeit noch) unüberwindliche Widerspruch

Im Moment hat der IS das Problem, dass er das internationalistische Modell (das Kalifat) und das Modell des »lokalen Emirats« nicht mehr zusammenhalten kann. Die lokalen sunnitischen Bevölkerungsgruppen sind eher daran interessiert, Bagdad und Damaskus zurückzuerobern und sunnitische Nationalstaaten entweder zu erneuern oder ihren eigenen Staat zwischen Syrien und dem Irak zu gründen. Eine solche Forderung wäre mit einem großen Teil der internationalen Gemeinschaft verhandelbar, die ja beispielsweise zum Abtreten Baschar al-Assads in Syrien und zur Bildung eines Föderalismus im Irak, ja sogar zur Gründung neuer Staaten aufgerufen hat.

Diese Forderung ist mit der anerkannten Logik von Politik und Diplomatie vereinbar (Staat, Territorium, Nation, Grenzen). Das Konzept des globalen Kalifats aber, das sich ständig erweitert, jeden Kompromiss mit Häresie und *kufr* (Unglauben) ablehnt und überdies am globalen Dschihad und am Terrorismus festhält, ein solches Konzept macht Verhandlungen über neue Grenzen unmöglich, weil die Staaten des Westens niemals die Bildung eines diesmal offen terroristischen Staates dulden werden. Der IS muss sich entscheiden, ist dazu aber im Moment nicht in der Lage. Deshalb tritt er die Flucht nach vorn in den Terrorismus an, während sich die beiden Modelle »lokales Emirat« und »globaler Dschihad« in der Krise befinden.

Der IS stürzt sich in den internationalen Terrorismus, weil er auf lokaler Ebene an seine territorialen Grenzen gestoßen ist. Im Norden wird er von den Kurden gestoppt, im Osten von den irakischen Schiiten und im Westen durch das kleine alevitische Gebiet, das durch die russische Militärintervention geschützt und erweitert wird. Die Wiedereroberung Palmyras durch Assads Streitkräfte zeigt, dass sich das Kräfteverhältnis verändert hat. Im Süden konnte der IS weder in den Libanon noch in Jordanien eindringen, wo die barbarische Hinrichtung eines jordanischen Piloten im Januar 2015 eine patriotische Gegenreaktion hervorrief. Und es fällt dem IS schwer, seine lokale, sehr stammesorientierte Basis mit dem Aufruf zur »Internationalisierung« der Bevölkerung in Einklang zu bringen. Der Widerspruch besteht darin, dass er die Interessen einer lokalen Gruppe, nämlich der sunnitischen Araber, vertritt, seine Strahlkraft aber aus dem Appell zum globalen Dschihad gewinnen will. Dieses Dilemma ist dem IS sehr wohl bewusst: Einerseits will man die Stämme abschaffen, andererseits die lokalen Stämme mobilisieren. Wir werden noch sehen, wie eng und komplex die Verbindung zwischen Stämmen und Dschihadisten wirklich ist.

Islamisierte Räume, tribalisierte Räume

Bin Laden hatte davor gewarnt: Man soll die Stämme in Ruhe lassen (genauso wie man die Schiiten nicht angreifen soll).[84] Nach seinem Aufenthalt in Afghanistan wusste er, wovon er sprach. In vielen Ausgaben von *Dabiq* finden sich Anspielungen auf die Stämme – einerseits um sie anzuerkennen, andererseits um sie zu überwinden:

> Amirul-Mu'minin [Abu Bakr al-Baghdadi] hat gesagt: »Deshalb kommt herbei, in euren Staat, ihr Muslime. Ja, es ist euer Staat. Kommt herbei, denn Syrien ist nicht nur für die Syrer und der Irak nicht nur für die Iraker da. Der Staat ist für alle Muslime da. Oh, ihr Muslime überall, jeder der in der Lage ist, Hidschra zum Islamischen Staat zu machen, der soll es tun. Denn die Hidschra zum Islamischen Staat ist Pflicht.«

Auf diesen Aufruf folgt eine scharfe Kritik an den Stämmen:

> Dort benimmt sich der Stamm, wenn er von der Dschāhilīya vergiftet ist, immer noch wie ein Körper mit einem eifernden Kopf oder wie eine durchgedrehte Straßenbande, die sich gebärdet wie der Mob und arrogant ist wie ein Stamm.[85]

Die Beziehung zwischen Stämmen, lokalen islamischen Emiraten und dem globalen Dschihad ist sehr interessant. Eigentlich scheinen die drei Konzepte sich zu widersprechen: Das Emirat lehnt die Institutionen und Bräuche des Stammes per definitionem ab, der globale Dschihad versucht nicht, sich auf einem Territorium zu verorten, und die Stämme haben keinerlei Interesse daran, in einer neuen staatlichen Einheit aufzugehen. Wie der Aufstieg der Taliban gleichzeitig mit al-Qaida seit 1994 jedoch zeigt, gehen Entterritorialisierung und Globalisierung des Dschihad mit der Entwicklung regionaler und territorial verorteter Modelle des Dschihad einher, die internationalistischen Kämpfern sehr flexibel einen Zufluchtsort bieten und sie den Umständen entsprechend an das Zentrum binden, das Zentrum, das bis 2014 von al-Qaida repräsentiert und danach vom IS übernommen wurde. Diese Emirate (Sinai, Boko Haram, al-Qaida im islamischen Maghreb, auf der arabischen Halbinsel, im Irak) spielen offensichtlich bei lokalen geostrategischen Neuordnungen eine zentrale Rolle. Ihre jüngste Geschichte wurde für sich genommen noch sehr wenig erforscht.

An der Stelle möchte ich eine persönliche Erinnerung einfügen: Während des Afghanistan-Krieges gegen die Sowjetunion überquerte ich gelegentlich die Grenze zwischen Pakistan und Afghanistan nördlich des Kunar-Flusses im Gebiet der Nuristani, einer faszinierenden Volksgruppe, die erst sehr spät (Ende des 19. Jahrhunderts) zum Islam bekehrt wurde. 1985 stieß ich im ersten Dorf hinter der pakistanischen Grenze auf einen Kontrollposten der Mudschahedin, wo man mich fragte, ob ich denn ein Visum des gerade gegründeten »Islamischen Staates« besäße. Man stellte mir ein vorläufiges Visum aus, und ich durchquerte das Emirat. Weil ich die Region bereits kannte, verstand ich schnell, dass dieses Emirat sich über ein sehr präzise umrissenes Gebiet erstreckte, nämlich das Stammesgebiet der Kati. Die Würdenträger des Stammes waren allerdings verschwunden (getötet oder verhaftet) und durch einen religiösen Führer, Mullah Afzal, ersetzt worden; anstelle der traditionellen Stammesbräuche war die Scharia zum Gesetz erklärt worden (und anstelle der schönen Moscheen aus geschnitztem Holz hatte man Betonkuben mit Minaretten im saudischen Stil errichtet). Ein Muster, das sich mehrfach wiederholt hat: Zehn Jahre später übernahmen es die Taliban, dann wurde es in den Stammesgebieten Pakistans angewandt.

Im Verlauf der folgenden dreißig Jahre florierten islamische Emirate von Pakistan über den Jemen und die Sahelzone (Boko Haram) und fanden ihren Kulminationspunkt im IS in Irak und Syrien. Merkwürdig, dass alle diese auf dem Prinzip der Scharia gründenden Emirate ausgerechnet in Gegenden sesshaft wurden, die überwiegend Stammesgebiet waren; überall missachteten sie die existierenden Staatsgrenzen und wurden Teil einer Schattenwirtschaft, in der Schmuggel eine große Rolle spielte: Die Ablehnung der Grenzen ging mit deren Manipulierung einher. Paradoxerweise eröffnen diese islamischen Emirate bestimmten Gebilden, die noch keine Staatsform besitzen (Stämme, Clans, ja sogar Ethnien), die Möglichkeit, den Status einer Nation zu überspringen und durch Schmuggel, Emigration, Dschihadismus und Salafismus (der, wie alle anderen Fundamentalismen auch, am besten mit der Dekulturierung zurechtkommt, die mit der Globalisierung einhergeht) einen direkten Anschluss an die Globalisierung zu bekommen.

Es sieht so aus, als geschähe diese Negierung der Staatsgrenzen gleichzeitig durch traditionelle Fragmentierung, den

Tribalismus (im weitesten Sinne) und einen Aufruf zur Überwindung der Grenzen im Namen der Ummah. Diese permanente Spannung zwischen Fragmentierung in açabiyya (Solidaritätsgruppe) einerseits und der Forderung eines Supranationalismus andererseits findet sich bei fundamentalistischen Bewegungen immer wieder. Aber die Entwicklung solcher lokalen Emirate erregt nur in dem Maße Aufmerksamkeit, wie sie als potenzielle Zufluchtsstätten für Radikale angesehen werden. Für ihre eigentliche Dynamik interessiert man sich nicht.

Die eigene Logik der Geostrategie im Nahen Osten

In meinem 2007 erschienenen Buch *Der falsche Krieg* habe ich gezeigt, dass und in welcher Form der wahre Bruch im Nahen Osten nicht mehr der israelisch-palästinensische Konflikt ist, sondern die Polarisierung zwischen Schiiten und Sunniten, die von der strukturellen Rivalität zwischen dem Iran und Saudi-Arabien hervorgerufen wurde. Hier geht es mitnichten um einen uralten Konflikt zwischen zwei Versionen des Islam, denn bis 1979 schien sich diese Frage gar nicht mehr zu stellen, erst die Iranische Revolution hat die Sache ins Rollen gebracht.[86] Natürlich liefern beide Länder eine religiöse Lesart des Konflikts: Saudi-Arabien zufolge handelt es sich um einen Kampf gegen die Häresie, folglich ist die Verbreitung des Salafismus ein integraler Bestandteil der Außenpolitik des Königreichs. Der Iran, der seinen Traum beerdigt hat, den konservativen Regimen eine »arabische Straße« entgegenzustellen, möchte, dass sich Schiiten und ihre Verbündeten (Aleviten, Zaiditen) zusammenschließen, um sich zum Schlichter regionaler Konflikte aufzuschwingen. Es handelt sich hierbei also um einen internen Konflikt des Nahen Ostens, in dem sich Muslime gegenüberstehen. Und das erklärt auch das ständige Aufkündigen von Bündnissen: Der Iran wurde vom Hauptfeind wegen seines Nuklearplans und seiner Unterstützung der Hisbollah zu einem Verbündeten des Westens gegen den IS. Saudi-Arabien wurde wegen seiner Unterstützung der Salafisten von einem zwangsläufigen Verbündeten zu einem Gegenstand verschärften Misstrauens, bleibt aber dennoch ein Haupt-Handelspartner.

Der IS spielt in diesem Konflikt keine zentrale Rolle: Er hat daraus nur Profit geschlagen, um sich in der von der amerikanischen Militärintervention geschaffenen Leerstelle festzusetzen, und er versucht, die Frustrationen der Menschen in der sunnitischen arabischen Welt für sich zu nutzen. Aber er ist an seine Grenzen gestoßen. Zwar kommen Freiwillige aus Palästina, dem Libanon und Jordanien, um sich dem IS anzuschließen, aber immer nur als Einzelpersonen. Bei den Gruppierungen des IS in Ägypten, Libyen oder der Sahelzone handelt es sich eher um opportunistische Bündnisse zur besseren medialen Verbreitung des Kampfes, denn vorher hatten diese Bewegungen von sich behauptet, sie gehörten zu al-Qaida. Diese Gruppen wird es auch dann noch geben, wenn der IS von der Bildfläche verschwunden ist. Schließlich sieht es ganz so aus, als ob es mit den Beziehungen zwischen ausländischen Freiwilligen und lokaler Bevölkerung in Syrien und vor allem im Irak nicht zum Besten stünde.

Warum gibt es den IS dann immer noch?

Der wesentliche Grund für den Fortbestand des IS ist der, dass ihn keine einzige regionale oder internationale Macht als ihren Hauptfeind betrachtet. Viele sehen im IS anscheinend das kleinere Übel. Die mehr als alle anderen bedrohten Kurden wollen einfach nur ihre neuen Grenzen zu den Arabern verteidigen und aufrechterhalten; sie wollen nicht, dass Mossul in den Schoß des irakischen Zentralstaats zurückfällt. Für die irakischen Schiiten bedeutet die Vertreibung des IS aus dem Irak, die Macht mit den Sunniten teilen zu müssen; viele irakische Schiiten wollen aber einen schiitischen Irak bewahren. Die Türkei hat nie verschwiegen, dass die Hauptbedrohung für sie darin besteht, dass die Kurdische Arbeiterpartei (PKK) im Norden Syriens ein Mini-Kurdistan gründet, das als Hinterland für einen erneuten Kampf um ein Kurdistan in der Türkei dienen könnte. Der Sieg über den IS würde also eine Stärkung der Kurden und des syrischen Regimes bedeuten (das der PKK in den 1990er Jahren Zuflucht geboten hatte). Für Saudi-Arabien ist der Iran der Hauptfeind, und ein Sieg über den IS würde zur Festigung einer schiitischen Achse von Bagdad über Damaskus bis Beirut beitragen.

Für den Iran ist die Sache schwieriger: Der IS bedroht nicht den Iran, sondern seine Verbündeten (Bagdad und Damaskus), die sich nur mit Hilfe des Iran halten können. Wer weiß, ob der Iran durch ein Verschwinden des IS nicht auch seine Rolle als unverzichtbare Schutzmacht verlieren würde – vor allem, falls nach einem Sieg über den IS die Spaltung zwischen Schiiten und Sunniten an Bedeutung verlöre und eine neue Form des arabischen Nationalismus erstarkte, der den Iran zurück in die persische Welt verwiese?

Für Damaskus ist der IS nützlich, weil das Assad-Regime den westlichen Staaten durch die Existenz des IS als das kleinere Übel erscheint. Für die Israeli ist der IS ein Geschenk des Himmels: Das Regime in Damaskus stellt keine Bedrohung mehr dar, und die Hisbollah reibt sich in Syrien in einem Kampf gegen andere Araber auf. Für Russland ist es eine gute Gelegenheit, wieder im Nahen Osten Fuß zu fassen. Für die USA schließlich führt die Entscheidung, keine Truppen mehr in die Region zu entsenden, zu einer besänftigenden Haltung: Der IS ist eigentlich kein Problem.

Die Passivität der verschiedenen Mächte verzögert jedoch den Sturz des IS. Auf lokaler Ebene liegt der Schlüssel dafür in den Verbindungen mit der lokalen arabischen, sunnitischen Bevölkerung: Immer mehr Stammeskonflikte treten zutage, die bisher unterdrückt wurden. Außerdem verliert die Kriegsmaschinerie des IS an Zauber: Wenn es gelingt, lokale Kämpfer und amerikanische Luftwaffe effektiv zu koordinieren, sollte man mit ihr fertig werden.

Wir sehen also, dass die Konflikte im Nahen Osten regionale Ursachen haben und nichts mit einem weltumspannenden Krieg zu tun haben, sei es nun der Krieg einer Zivilisation oder ein Krieg der Kulturen. Der globale Dschihad existiert losgelöst von den Konflikten im Nahen Osten, und das erschwert es, die Strategie des IS zu entschlüsseln, die meiner Meinung nach zwischen diesen zwei Konzepten schwankt:

1. Die Strategie von al-Qaida wieder aufgreifen, also den Westen davon abbringen, in der muslimischen Welt zu intervenieren (oder gegebenenfalls eine Intervention provozieren, damit die westlichen Armeen wie in Afghanistan oder im Irak gebunden werden);

2. sich in eine Eroberung der Welt stürzen und die territoriale Ausdehnung des Kalifats mit einer terroristischen Offensive verbinden, deren Zweck es ist, die ermattete westliche Kultur von innen her zu zerstören.

Der IS ist der Feind, von dem sämtliche Kulturpessimisten geträumt haben. Aber warum sollte der Westen bereits am Ende sein?

CONCLUSIO
Warten auf al-Godot

Die Stärke des IS besteht darin, dass er mit unseren Ängsten spielt. Und diese Angst ist die Angst vor dem Islam. Die einzige strategische Wirkung der Attentate ist ihr psychologischer Effekt: Sie beeinträchtigen nicht die militärische Schlagkraft der westlichen Staaten, sondern tragen sogar zu ihrem Erstarken bei, weil sie dem Schrumpfen der Militäretats ein Ende bereiten, und sie betreffen nur am Rande die Wirtschaft; sie gefährden die Institutionen nur in dem Maße, wie wir sie selbst mit der ewigen Debatte über den Konflikt zwischen Sicherheit und Rechtsstaat in Frage stellen. Wir haben Angst vor der Implosion unserer eigenen Gesellschaften, vor einem Bürgerkrieg, in dem die Muslime und die »anderen« einander bekämpfen. Mit einem großzügigen geostrategischen Rundumschlag bringt man die westlichen Vorstädte Bagdads und die östlichen Vorstädte von Paris zusammen, überfliegt einen gemeinsamen Raum, wo »arabo-muslimische« Individuen sich im Ressentiment einrichten, weil sie nämlich angeblich nach einem inhärenten islamischen Programm funktionieren, das ihnen den Zugang zu unserer unbeschwerten Modernität verwehrt. Man erforscht also, was der Islam eigentlich will und ist, und bemerkt nicht einmal, dass es diese Welt des Islam gar nicht gibt, dass die Ummah bestenfalls ein frommes Gelübde und schlimmstenfalls eine Illusion ist, dass sich in den Konflikten zuallererst Muslime gegenseitig bekämpfen, dass der Schlüssel zu diesen Konflikten politisch ist, dass die nationalen Fragen der Schlüssel zum Nahen Osten bleiben und die soziale Frage der Schlüssel zur Integration ... Und dass die Terroristen nicht durch eine Utopie geleitet werden, sondern durch die Suche nach dem Tod.

DER IS BRINGT NUR DIE SCHWÄCHE ANS LICHT, DIE WIR UNS SELBST ZUSCHREIBEN

Gewiss, der IS, al-Qaida und andere Dschihadisten zimmern sich selbst ein großartiges Imaginäres zurecht, nämlich das Wunschbild von der Wiedereroberung und der Niederlage des Abendlandes. Wie alle chiliastischen Ideologien, wie der Marxismus und der Nationalsozialismus ist dies ein monumentales Phantasiebild. Aber anders als die großen säkularen Ideologien des 20. Jahrhunderts steht der Dschihadismus auf einer sehr schmalen sozialen und politischen Basis: Wie wir gesehen haben, mobilisiert er keine Massen, sondern zieht nur Randgestalten an. In den jungen Muslimen der Vorstädte möchte man die neuen gefährlichen Klassen des 19. Jahrhunderts sehen (die durch den Wohlfahrtsstaat in einem ein Jahrhundert lang andauernden Prozess sehr gut integriert wurden). Im Islam möchte man die Ideologie sehen, die die Massen mobilisiert, so wie der Nationalsozialismus einen großen Teil der deutschen Bevölkerung zu mobilisieren vermochte. Und vor allem meint man zu beobachten, wie die Einwohnerschaft einiger angeblich salafistisch beeinflusster Stadtviertel mit den revoltierenden muslimischen Massen im Nahen Osten fusioniert. Diese große Phantasie wird vor allem in ihrer religiösen Version durchgespielt (der Salafismus als Ideologie der Revolte), als katastrophenverliebte, endzeitliche Vision vom Untergang des Abendlandes, aber sie existiert auch in einer säkularisierten Version, mit Dritte-Welt-Engagement und größerer Offenheit für die Gründe der Revolte unter Unterdrückten und postkolonialen Individuen.

Wer glaubt, der IS könne den weltweiten »Islam« gegen das von der fünften Kolonne der dort lebenden Muslime unterwanderte Abendland vereinigen, geht dem Wunschbild des IS auf den Leim. Das würde nämlich bedeuten, dass sich alle Revolten und Proteste, sogar wenn sie vollkommen legitim sind (gegen Rassismus, gegen Polizeigewalt zum Beispiel), nur wegen der ethnischen Herkunft der Protestierenden automatisch auf eine unveränderliche »islamische« Größe beziehen. Gewiss können sich diese Vorstellungsbilder auch überschneiden, denn natürlich gibt es ein Gefühl der Ungerechtigkeit, den Verdacht, es werde »mit zweierlei Maß« gemessen, gibt es auch Ressentiments gegen die Polizei, Rassismus, Stigmatisierung, das Gefühl, Opfer zu sein. Das alles spielt beim individuellen Scheitern eine Rolle, schafft jedoch keine kollektive Bewegung der Sympathie und gemeinsame Militanz. Eine weiche, IS-freundliche Militanz (Plakate, Flugblätter, Demonstrationen) gibt es nicht. Man muss nur die Ereignisse in Nizza und in Beaumont-sur-Oise vergleichen (am 14. und 19. Juli 2016): in Nizza ein von einem einzelnen Mann begangener Massenmord, in Beaumont-sur-Oise eine Protestkundgebung nach dem Tod eines Mannes in Polizeigewahrsam, ein Ruf nach Gerechtigkeit, also nach Anerkennung durch staatliche Institutionen. Der Terrorist verliert kein Wort über diese Ungerechtigkeit, und die Demonstranten sehen so wenig Zusammenhang zwischen dem IS und ihrer eigenen Sache, dass sie nicht verstehen, warum ihren Aktionen mit dem Ausnahmezustand begegnet werden sollte (so sahen es auch die Demonstranten gegen das El-Khomri-Gesetz). Die Demonstranten und der Terrorismus, das sind zwei Parallelwelten.

Wenn man den IS beim Wort nähme, müsste man jede politische Mobilisierung (wie bei den Arabern des fruchtbaren Halbmonds) auch als kulturelle Mobilisierung verstehen. Dies würde auch bedeuten, dass man für die gegenwärtigen religiösen Transformationsprozesse keinerlei Verständnis aufbringt, die ja gerade die Tendenz haben, Religion und Kultur voneinander zu trennen, was wiederum überall zu Spannungen führt, den Islam aber auch zwingt, sich in Beziehung zu anderen Religionen und vor allem im Verhältnis zum Säkularismus neu zu bestimmen.

Wir haben gesehen, dass die Konflikte im Nahen Osten seit 2011 keinen Ost-West-Antagonismus mehr widerspiegeln. Außer in Tunesien hat sich der Arabische Frühling überall in einen Bürgerkrieg verwandelt, und eine Militärdiktatur ist nur eine vorübergehende Variante des Bürgerkriegs. Der große Riss durch den Nahen Osten, der Gegensatz zwischen Schiiten und Sunniten, ist heute eine interne Angelegenheit des Islam. Die Idee, einen islamischen Staat zu errichten, ist überall gescheitert, und die Gesellschaften, der Beschwörungen und Kriege müde, werden tatsächlich immer säkularer (der Iran ist inzwischen die säkularste Gesellschaft des Nahen Ostens). Das Feld des Religiösen ist weit davon entfernt, kulturelle Einheit zu stiften, vielmehr ist es zersplitterter denn je; vor allem wird es immer kleinteiliger, und der Wettbewerb der verschiedenen Tendenzen untereinander (Salafisten, Muslimbrüder, Sufis, ofizieller Islam, liberaler Islam, Islam à la carte, Internet-Islam, Konversionen in alle Richtungen) zerstört jegliche Illusion, wir hätten es mit einer homogenen muslimischen Kultur zu tun. Nie zuvor begegnete man dem Islam mit einem derartigen kulturellen Essentialismus. Alles Negative, was ein angeblicher oder tatsächlicher Muslim tut, wird auf den Islam zurückgeführt (von der sexuellen Belästigung von Frauen bis zur Mordlust), während Verhaltensweisen von Nicht-Muslimen penibel individualisiert werden. Dabei leben wir mittlerweile in einer Welt des Massenmords, in der auch ein Breivik und der Pilot des Germanwings-Flugzeugs ihren Platz haben.

ATTENTATE BESCHLEUNIGEN DIE »FORMATIERUNG« DES ISLAM

Rassisch und religiös bedingte Spannungen im Westen und ein Bürgerkrieg, der den Westen zerstören könnte, sind zwei völlig verschiedene Dinge. Im Grunde befindet sich der IS im selben Wahnzustand wie alle anderen, die diesen Bürgerkrieg kommen sehen. Alles weist darauf hin, dass die Kluft zwischen den jungen Terroristen und der Masse der westlichen Muslime seit dem Attentat auf *Charlie Hebdo* (damals äußerten Muslime noch ein gewisses Verständnis für die Tat), also dem letzten Al-Qaida-Attentat, und den neuen erschreckenden Attentaten des IS, deren Ziele sinnlos erscheinen, immer größer wird. Paradoxerweise beschleunigen diese Attentate das Phänomen, das ich »Formatierung« des Islam genannt habe: die Pflicht, die Religion in einem westlichen Umfeld neu zu formulieren, in einer Gemengelage aus Druck (bis hin zur Islamophobie) und Einladungen an den Runden Tisch. Nach dem Mord an Pater Hamel haben viele konservative Muslime die Messe besucht – keine Selbstverständlichkeit, aber sie haben es getan, weil sie nicht mehr behaupten können, sie hätten nichts damit zu tun oder sie seien die eigentlichen Opfer. Heute sprechen geachtete muslimische Religionsvertreter über die »Reform« des Islam und betonen dabei völlig zu Recht,

eine solche Reform sei allein Sache der Geistlichen und nicht
der Islamwissenschaftler oder Politiker. Man kann ergänzen,
wie Tareq Oubrou, der Imam von Bordeaux, dass eine solche
Reform das Ausmaß der Radikalisierung nicht beeinflussen
wird, weil die Radikalen keine jungen Leute sind, die irgendwelche
Texte falsch verstanden haben, sondern Aufständische,
die sich zuerst für die Radikalität entscheiden und diese
danach mit einem islamischen Paradigma verbinden.[87]

Eine solche »Reform« ist nicht deshalb von Interesse, weil
man damit den Radikalismus bekämpft, sondern weil sie den
im sozialen Aufstieg begriffenen Muslimen zu religiöser Sichtbarkeit
verhilft und dadurch den IS daran hindert, sich zum
Sprachrohr der schweigenden Ummah zu erklären. Denn eine
religiöse Reform ist nur dann erfolgreich, wenn auch eine neue
Nachfrage nach Religiosität, also nach sozialer Veränderung,
besteht. Nun verändert sich aber die europäische muslimische
Gemeinde in soziologischer Hinsicht rasant: Eine wachsende
muslimische Mittelschicht und das Auftreten neuer Eliten
führen zu neuen Formen der Religiosität, die an die säkulare
Gesellschaft angepasst sind (deshalb gibt es unter den Radikalen
nur wenige Vertreter der dritten Generation). Dieser Islam
ist nicht zwangsläufig liberal, aber er ist mit unseren modernen
Gesellschaften vereinbar.

ZWEI SPANNUNGSREICHE ZONEN
BLEIBEN BESTEHEN: DIE PROBLEMVIERTEL
UND DER ISLAM IN DEN MOSCHEEN

Die krisenhafte Situation in bestimmten Stadtquartieren ist
ein Fakt, nur wurde der Staat hier nicht durch eine salafistische
Offensive vertrieben, vielmehr hat er sich selbst zurück-

gezogen. Vonseiten des Staates bleiben lediglich die Unterpräfekten, und sie werden so oft ausgetauscht (sie wechseln in der Regel alle zwei Jahre, manchmal sogar noch schneller), dass keinerlei Kontinuität entstehen kann: Jeder neue Unterpräfekt fängt wieder bei null an. Der Staat wird nur noch durch den Bürgermeister vertreten, der andere Sorgen hat, als sich um die Einhaltung der republikanischen Ordnung zu kümmern: Bürgermeister jedweder politischer Couleur praktizieren Klientelpolitik, das bedeutet, dass sie die Verwaltung der Stadtbezirke Mittelsmännern anvertrauen, die ein großes Interesse an der Errichtung von Parallelgesellschaften haben. Die öffentliche Hand zieht sich zurück, die Schule windet sich in einem beschwörenden laizistischen Diskurs, der jeglichen Kontakt zu der sozialen Realität verloren hat. Die Auflösung der Nachbarschaftspolizei und des Zentralen Nachrichtendienstes (die beide ihre guten und schlechten Seiten hatten) haben die Polizei regelrecht blind gemacht und dazu geführt, dass sich die BAC, die Brigaden zur Kriminalitätsbekämpfung, gebildet haben, die ihre Aufgabe nicht in der Prävention, sondern in der Jagd auf Straftäter sehen – für die Jugend sind sie das einzige Gesicht der Polizei. Man muss unbedingt wieder »Politik« betreiben.

Dass der institutionelle Islam in der Krise steckt, ist offensichtlich. Dabei ist der Salafismus nicht das größte Problem – er besetzt nur eine Leerstelle –, das Problem ist die Entfremdung der Imame von der neuen muslimischen Mittelschicht. Das größte Problem der Moscheen besteht darin, dass kaum ein junger französischer Muslim sich zum Imam berufen fühlt, denn dieser Posten ist schlecht bezahlt, undankbar und genießt wenig Ansehen. In dieser Hinsicht hat der französische Islam dasselbe Problem wie der Katholizismus: Der untere

Klerus wird aus der Dritten Welt importiert. Wie Romain Sèze gezeigt hat, verfügen Imame, mit Ausnahme einiger charismatischer und in den Medien präsenter Vertreter oder, noch seltener, solcher mit solider Universitätsbildung (wie Tareq Oubrou in Bordeaux), über kein besonders großes akademisches Rüstzeug; das gilt sowohl für ihre Theologie als auch für ihr Französisch, der soziale Status eines Imams ist einfach denkbar schlecht. Sèze hat auch gezeigt, dass es nur in wenigen Fällen die Imame sind, die in den Moscheen das Sagen haben: Die Macht befindet sich meist in den Händen des Präsidenten des örtlichen Moscheevereins, der in der Regel ein Geschäftsmann oder ein lokaler Würdenträger ist.[88] Und wie alle unattraktiven Berufe wird auch dieser von Immigranten ergriffen, und zwar von den echten, das heißt den Vertretern der ersten Generation. In kultureller Hinsicht vergrößert sich also die Kluft zwischen den Imamen und den neuen Generationen.

Nur an einem einzigen Ort, nämlich in der Armee, findet sich ein geschlossenes Korps von Imamen mit Universitätsabschlüssen, die gebildet und vollkommen integriert sind, weil sie einen gewissen sozialen Status genießen (sie sind Offiziere), gut verdienen und von der Institution anerkannt sind und geachtet werden. Welcher Hochschulabsolvent lässt sich schon mit einem Monatsgehalt von 500 Euro und ein paar von den Gläubigen gespendeten Mahlzeiten abspeisen und zieht freiwillig in eine Vorstadt, in eine vom Moscheeverein zur Verfügung gestellte Zweizimmerwohnung? Imame ausbilden – so lautet die Erkenntnis – ist sinnlos, wenn die jungen Hochschulabsolventen dann einen anderen Weg einschlagen, wie es heute der Fall ist. Man muss jungen Leuten diesen Beruf schmackhaft machen. Indem man die örtlichen kulturellen

Vereine stärkt, französische muslimische Mäzene mit ins Boot holt und diese postkoloniale paternalistische Haltung über Bord wirft, mit der die Behörden die einen Imame abkanzeln und die anderen als »gute gemäßigte Imame« präsentieren, obwohl sie ärmlich gekleidet sind und nur gebrochen Französisch sprechen.

DIE MODERNISIERUNG IST VORRANGIG SOZIOLOGISCH UND ERST IN ZWEITER LINIE THEOLOGISCH

Was die repräsentativen Instanzen betrifft, stellt sich die Lage nicht besser dar. Seit fünfundzwanzig Jahren versichern sämtliche Innenminister, sie wollten einen Islam in Frankreich etablieren, und genauso lange delegieren dieselben Innenminister die Frage des Islam an Marokko, Algerien und die Türkei, die unisono das Prinzip der Integration ablehnen. Im September 2015 unterzeichnete die französische Regierung einen Vertrag mit Marokko über die dortige Ausbildung französischer Imame; im Juli 2016 beteuert dieselbe Regierung, man müsse französische Imame in Frankreich ausbilden. Das verstehe, wer will.

Die Laizität à la française ist auch keine Lösung für das Problem: Sie vertreibt die Religion aus dem öffentlichen Raum und überlässt sie Randfiguren und Radikalen. Der Salafismus hat kein Problem mit dieser Marginalität, er will sie. Der Islam der gesellschaftlich angesehenen Persönlichkeiten und der Mittelschicht hingegen strebt nach Anerkennung, Institutionalisierung und Einfluss. Und wie reagiert man darauf? Man will den Schleier an den Universitäten verbieten! Damit schikaniert man ausgerechnet die künftigen Eliten, genau jene integrierten Muslime und Universitätsabsolventen, die in der Lage wären, einen »praktischen« und befriedeten Islam zu erfinden.

Besonders interessant ist der Fall der Gefängnisseelsorger. Dass die Gefängnisse Hochburgen der Radikalisierung sind, ist bekannt. Jahrelang hat die Verwaltung den Aufbau einer muslimischen Gefängnisseelsorge verschleppt. Nun aber, da sie diese Institution endlich akzeptiert, strauchelt sie über ein typisches Problem der französischen Laizität: Keiner dieser Seelsorger hat das Recht, von sich aus mit den Gefangenen in Kontakt zu treten, weil man Proselytismus verhindern möchte. Der Gefangene muss sich selbst an den Seelsorger wenden. Nur würde das natürlich kein Radikaler tun.

SCHLUSS MIT DEM BESCHWÖRENDEN GEBRAUCH DES WORTES »DERADIKALISIERUNG«

Die Religion, und zwar jede Religion, ist weder ein Werkzeug der Radikalisierung noch der Deradikalisierung: Sie besitzt Würde an sich, sie entfaltet ihren eigenen Wirkungsbereich, der weder sozial noch territorial ist, sondern spirituell. Die Religion ist da, und die Säkularisierung hat sie nicht zerstört, sondern isoliert. Man muss sich mit ihr »abfinden«, und das seit 1905 geltende französische Gesetz zur Trennung von Kirche und Staat bietet gerade dafür einen exzellenten Rahmen. Allerdings nur, wenn Buchstabe und Geist dieses Gesetzes befolgt werden.

Radikalisierung hat viele und komplexe Ursachen, aber letztlich ist sie eine Wahl, eine persönliche Entscheidung, die zu einer politischen wird, und es ist zwecklos und kontraproduktiv, diese Entscheidung zu Gehirnwäsche und Umnachtung zu erklären – auch wenn das natürlich die betroffenen Familien beruhigt, besonders die Angehörigen junger Frauen (diese ewige Wiederkehr der Figur der schwachen weißen Frau, die einem finsteren Verführer in die Hände und Arme fällt …). Ich verstehe nicht, wie eine »Deradikalisierung« aussehen könnte. Bisher war Umerziehung eher eine Angelegenheit totalitärer Regime oder hegemonialer Religionen (die Inquisition hatte ein Programm zur Umerziehung von Häretikern); heutzutage behandelt man die Radikalen wie Anonyme Alkoholiker (»Herr Doktor, es kommt einfach über mich, wenn ich mit meiner Kalaschnikow an der Terrasse eines Cafés vorbeikomme, muss ich schießen. Helfen Sie mir, bitte!«). Tatsächlich muss man die Radikalen wie Militante behandeln. Ein Militanter mag Reue empfinden, doch zunächst muss er für seine Tat Verantwortung übernehmen, selbst wenn er sie nur in Gedanken verübte. Denn Militante haben – das weiß man von den alten Roten Garden, der Action Directe, der Proletarischen Linken – keine Angst vor Gefängnis oder Tod; sie wollen ihre Vergangenheit retten und tun alles, damit ihre Taten nicht vergeblich oder sinnlos waren, vor allem, wenn es sich um Mord oder Anstiftung zum Mord handelte. Ein Militanter kann und will seine Tat nicht einfach nur zu einem Fehler erklären, deshalb rekonstruiert und erfindet er Geschichten oder flüchtet sich in eine betäubende Amnesie. Das muss man in Frage stellen. Man muss den Radikalen sprechen lassen, so wie auch die Geschworenen im 19. Jahrhundert einen Anarchisten oder den Serienmörder lang und breit reden ließen. Heute aber will man weder sein Gesicht sehen noch seine Worte hören. Man will, dass er ganz und gar unbekannt bleibt.

ANHANG

Anmerkungen

1 »Khaled Kelkal, premier djihadiste *made in France*«, LeMonde.fr, 18. September 2015.
2 Vermutlich stammt die erste Version dieses Satzes aus einem Interview, das Peter Arnett 1997 mit Osama Bin Laden führte: »We love this kind of death for Allah's cause as much as you like to live.« (Abschrift von Osama Bin Ladens Interview mit Peter Arnett, InformationClearingHouse.info).
3 Das IS-Video »New Jihadi John. Suspect Siddharta Dhar Is a Former Bouncey Castle Salesman from East London«. *The Independent*, 4. Januar 2016. Dieser Text wurde von einem zum Islam konvertierten Hindu verfasst. http://www.independent.co.uk/news/uk/home-news/isis-video-new-jihadi-john-suspect-is-a-former-bouncy-castle-salesman-from-east-london-a6796591.html.
4 Zur gleichen Zeit, als sich die Attentate von Nizza und Saint-Étienne-du-Rouvray ereigneten, kam es in einer französischen Vorstadt zu gewalttätigen Ausschreitungen, weil ein Jugendlicher in Untersuchungshaft gestorben war (Adama Traoré in Beaumont-sur-Oise). Diese beiden Vorfälle gehören zwei vollkommen verschiedenen Welten an.
5 Olivier Roy, »Al Qaeda in the West as a Youth Movement: The Power of a Narrative«, *CEPS Policy Brief*, Nr. 168, August 2008.
6 Olivier Roy, »Comment l'Islam est devenu la nouvelle idéologie des damnés de la terre«, *Atlantico.fr*, 4. Juli 2015.
7 Olivier Roy, *Der islamische Weg nach Westen*, München, Pantheon, 2006; *Heilige Einfalt. Über die politischen Gefahren entwurzelter Religionen*, München, Pantheon, 2011.
8 Siehe die Debatte von Olivier Roy und François Burgat in: »Daech, regards pluriels«, *savoirs.ENS.fr*, 13. Mai 2016.
9 »›Radicalisations‹ et ›islamophobie‹, le roi est nu«, *Libération*, 14. März 2016.
10 Für einen genauen Bericht über die aktuelle Lage der Religionen in den säkularisierten Gesellschaften siehe Olivier Roy, »Pour des so-

ciétés ouvertes. Repenser la place des religions en Europe«, *Esprit*, Nr. 2, 2. Februar 2016, S. 44–58.
11 Anhänger einer ultraorthodoxen jüdischen Glaubensrichtung, die dem modernen Reformjudentum entgegengesetzt ist.
12 Siehe Jean Baudrillard, *Der Geist des Terrorismus*, Wien, Passagen, 2002; Faisal Devji, *Landscapes of the Jihad*, London, Hurst, 2005.
13 https://archive.org/stream/Anwar.Awlaki.Audio.Archive/44Ways. for.supporting.Jihad_djvu.txt
14 1989 schrieb er *Join the Caravan* (im Netz bei Archive.org); dieser Text versteht sich als theologische Rechtfertigung des Dschihad als persönliche und erste Pflicht, gleich nach dem Glaubensbekenntnis. Dafür führt er sechzehn Gründe an. Der sechste lautet, die Dschihadisten seien die Avantgarde des Islam, die Basis (*qaida*), auf der einst eine wirklich islamische Gesellschaft errichtet werden könne; der achte macht die Hoffnung auf das Martyrium zur zentralen Motivation; der zehnte handelt vom Schutz der Würde der Ummah (ein Thema, das heute alle Terroristen für sich reklamieren); der sechzehnte erklärt den Dschihad zum höchsten Akt der Frömmigkeit.
15 Farhad Khosrokhavar, *L'islamisme et la mort. Le martyre révolutionnaire en Iran*, Paris, Harmattan, 2000.
16 Den Begriff »Generation« gebrauchen wir in zwei verschiedenen, strikt voneinander zu trennenden Bedeutungen: 1. Die Generation, die durch eine qualitative Veränderung in der Praxis des Dschihad definiert wird. Bin Laden steht für die erste Generation der arabischen Freiwilligen, während Kelkal sowie die Brüder Kouachi die zweite Generation verkörpern, d. h. diejenigen, die im Westen leben. 2. Die Generation im Sinne der Familie: Die erste Generation ist die Generation der Immigranten, die zweite die der Kinder der Emigranten und die dritte die der Enkel. Der Bedeutungsunterschied des Begriffs ergibt sich aus dem jeweiligen Kontext.
17 Siehe *Libération*, 23. März 2016.
18 »Isis Documents Leak Reveals Profile of Average Militant as Young, Well-Educated, but with only ›Basic‹ Knowledge of Islamic Law«, *The Independent*, 22. April 2016. Ob diese Liste authentisch ist, war zunächst umstritten; nach Vergleichen mit Informationen aus anderen Quellen gilt sie inzwischen aber als gesichert.
19 Paris, Les Arènes, 2014.

20 Samuel Laurent, »Français, fichés, ancien prisonniers: portrait des djihadistes ayant frappé en France«, LeMonde.fr, 29. Juli 2016.
21 Was die USA betrifft, werden wir uns auf den Bericht von Robin Simcox beziehen, der anmerkt, von achtzehn zwischen 2014 und 2015 in diesem Land in den Terrorismus verwickelten Personen seien zwölf, also zwei Drittel, Konvertiten (»We Will Conqeur Your Rome«: A Study of Islamic State Terror Plots in the West«, Henry-JacksonSociety.org).
22 Der GIA (islamische bewaffnete Gruppe) und der Gang von Roubaix 1995 zugeschriebene Attentate, geplanter Überfall auf den Straßburger Markt 2000, Gruppe Buttes-Chaumont 2003–2005, Mohammed Merah in Toulouse 2012, geplanter Anschlag auf die Kirche von Villejuif 2015, Terrorzelle von Cannes-Torcy (2012), Jüdisches Museum in Brüssel (2014), *Charlie Hebdo*, Thalys, Bataclan und damit verbundene Attentate (2015); nicht zu vergessen die Anschläge in anderen europäischen Ländern, um nicht den Eindruck eines rein »französischen Dschihad« zu erwecken, der Frankreich zum Sonderfall machen würde: die Attentate von Madrid (2004), Amsterdam (2004), London (2005), gefolgt von einer Reihe misslungener oder isolierter Versuche in Großbritannien (2006, 2008).
23 München, Kunstmann, 2016.
24 David Vallat, *Terreur de jeunesse*, Paris, Calmann-Lévy, 2016, 1. Kapitel.
25 Paris, La Lanterne, 2004.
26 Siehe zum Beispiel den langen Artikel der Frau des Dschihadisten Abu Omar al-Faransi (angeblich Sohn einer französischer Mutter und eines algerischen Vaters), der bei einem Selbstmordattentat in Syrien starb. Offensichtlich ist sie Konvertitin (sie schreibt: »Wir Europäerinnen«) und singt ein Loblied auf den Einsatz der Frau im Dschihad, die sich nämlich Mühe gibt, ihrem Mann zu dienen, und unter anderem die Polygamie akzeptiert; gleichzeitig aber beschäftigt sie sich mit Fragen zum Paarleben, dem Dialog zwischen Eheleuten, der Notwendigkeit, miteinander zu sprechen, um Missverständnisse zu vermeiden usw.: »Wir Europäerinnen wurden so erzogen, dass wir die Frau für dem Mann ebenbürtig halten, dass wir für niemanden unseren Stolz hintanstellen müssen, aber in Wirklichkeit ist das alles nicht wahr. Heute ist mein Mann nicht mehr bei mir – gelobt sei Allah –, aber ich bereue nichts, denn in der letzten Woche vor

seinem Fortgang habe ich ihm dreizehn Seiten geschrieben und ihm alles gesagt, was ich seit einem Jahr auf dem Herzen hatte, im Guten wie im Bösen habe ich ihm alles gesagt. Zum Dank erhielt ich von ihm Vergebung – und ich hoffe, auch von Allah – und hörte Bekenntnisse, die mein Herz erfreuten und trösteten. Ich bereue nur, dass ich ihm manchmal nicht zuhörte, wenn er niedergeschlagen war, dass ich nicht bemerkte, wenn er etwas nicht sagen konnte, während das doch manchmal alles hätte ändern können (…). Ich wiederhole, der Islam ist eine Art der Lebensführung, und durch Allahs Erlaubnis können wir daraus alles schöpfen, was für ein echtes geistiges und körperliches Gleichgewicht sorgt.« (*Dar al-Islam*, Nr. 8) Man merkt, die Verfasserin bedient sich eines gehobenen und modernen Stils; sie hat offenbar studiert.

27 Valérie de Boisrolins Buch *Embrigadée* (Paris, Presses de la Cité, 2015) zeigt perfekt das Unverständnis zwischen einer Mutter und ihrer konvertierten Tochter, die einem Dschihadisten nach Syrien gefolgt ist. Die Mutter nimmt bei den Gesprächen mit ihrer Tochter per Telefon oder Skype nur die Gehirnwäsche wahr, während die Tochter unermüdlich ihre »Entscheidung« verteidigt.

28 Derselbe Befund trifft interessanterweise auch auf die Debatte über die palästinensischen Frauen zu, die mit dem blanken Messer auf schwer bewaffnete israelische Soldaten losgehen. Auch hier wächst die Anzahl der Frauen, die Terrorakte begehen; außerdem gibt es dieselben Zweifel hinsichtlich der Freiheit ihrer Entscheidung (Fliehen sie vielleicht vor häuslicher Gewalt oder anderen Problemen?), so als wäre die Entscheidung der dschihadistischen Frau ganz und gar unbegreiflich (zumal sie so neu ist). Siehe Amira Hass, »What Drives Palestinian Women Shot at Israeli Checkpoints to Their Deaths?«, Haaretz.com, 12. Juni 2016.

29 Fall des Jussuf Abdulaziz, der 2015 auf ein Rekrutierungszentrum der US-Marines feuert (und dabei getötet wird). Siehe Laurie Goodstein, »U.S. Muslims Reach Out to Adress Questions on Islam and Violence«, NYTimes.com, 23. Dezember 2015.

30 Eine ganze Reihe von Terroristen postet wochenlang, bevor sie zur Tat schreiten, Pro-IS-Meldungen, so etwa Bilal Hadfi, Adel Kermiche oder Larossi Abballa.

31 Elyamine Settou stellt in seiner Studie über Muslime in der französischen Armee drei Kategorien auf (Patrioten, Opportunisten,

Verlorene); während seiner Arbeit über die Radikalen wird ihm klar, dass die dritte Kategorie sowohl auf Militärs als auch auf Dschihadisten zutrifft (Beitrag zum Kolloquium »Le djihadisme transnational, entre l'Orient et l'Occident« in Paris, organisiert vom Maison des science de l'homme und dem Institut Montaigne, 31. Mai bis 1. Juni 2016).

32 Siehe die hervorragende Recherche der portugiesischen Zeitschrift *Expresso* zu fünf portugiesischen Dschihadisten, die eigentlich zweifach Immigrierte sind – was diese fünf betrifft, erst von Angola nach Portugal und dann nach London, im Fall zweier weiterer von Portugal nach Frankreich. Alle sind vom Katholizismus zum Islam konvertiert. (»Killing and Dying for Allah: Five Portuguese Members of Islamic state«, http://multimedia.expresso.pt/jihad/EN/killing-and-dying/index.html)

33 Lizzie Dearden, »Belgium Terror Plot: Kamikaze Riders Motorbike Club Members Charged with Planning Attacks on Brussels«, Independent.co.uk, 31. Dezember 2015. Siehe auch die bemerkenswerten Untersuchungen des Soziologen Yves Patte über Molenbeek und Radikalisierung im Allgemeinen – er schreibt ebenfalls über die belgischen Biker (»Désappropriation. Radicalisation. Abandon. À quoi se raccrocher?«, YvesPatte.com, 24. April 2016). Beunruhigend ist der Vergleich mit manchen jungen Saudi-Arabern, die in Riad an illegalen Autorennen teilnehmen und später in den Dschihad ziehen, beschrieben von Pascal Menoret (*Royaume d'asphalte. Jeunesse saoudienne en revolte*, Paris, La Découverte, 2016).

34 Das Phänomen habe ich untersucht in *Der islamische Weg nach Westen*, op. cit. Man streut in sein Französisch einige nicht übersetzte arabische Wörter ein wie *din, kuffar, zina, muslima* mit der englischen Variante *muslims* für Männer ...

35 Farhad Khosrokhavar, »Radicalization in Prison: The French Case«, *Politics, Religion & Ieology*, Bd. 14, Nr. 2, 2013, S. 284–306; ders. *Radicalisation*, Paris, Editions de la Maison des sciences de l'homme, 2015. Siehe die spannende Analyse eines Mannes aus der Praxis: Guillaume Monod, »Prison et radicalisation des jeunes«, *Èvangile et Liberté*, Nr. 298, April 2016.

36 Die einzige echte Ausnahme ist die Hizb ut-Tahrir, weltweit die einzige islamistische Bewegung, außer dem IS natürlich, die die sofortige Einsetzung des Kalifats fordert; sie ist etabliert in Groß-

britannien, Dänemark und Australien (von wo aus sie nach Indonesien ausstrahlt), aber war bisher in keine gewalttätige Aktion involviert; wegen dieser Gewaltfrage übrigens hat sich die radikalere Gruppe al-Muhajiroun von der Hizb ut-Tahrir abgespalten.

37 *Dar al-Islam*, Nr. 8.
38 Siehe das Interview in der Zeitschrift *L'Express* vom 22. Juni 2016. Im Juli 2016 zeigte sich, dass zwischen dem Attentat in Nizza und den gewalttätigen Ausschreitungen in Beaumont-sur-Oise nach dem Tod eines jungen Mannes in Polizeigewahrsam keinerlei Zusammenhang bestand und dass also der ausgeprägte Protest gegen Polizeigewalt und deren möglichen Rassismus nichts zu tun hat mit einer Identifikation mit dem IS.
39 Gespräch des Autors mit dem leitenden muslimischen Militärseelsorger im Juni 2016. Die Armee ist die einzige französische Institution, die auf freiwilliger Basis und aus nachvollziehbaren Gründen (geistlicher Beistand für die Sterbenden und Organisation der Beerdigungen) die Religion ihrer Mitglieder erhebt. Und ihre Statistiken sind verlässlich.
40 Die Karte wurde am 25. März 2015 in *Le Monde* veröffentlicht. Das Attentat von 14. Juli 2016 in Nizza und die darauf unter jungen Muslimen kursierende Polemik über Marseille illustrieren diesen interessanten Widerspruch. (»La vidéo du Marseillais fait réagir des Français de l'État Islamique«, Rue89.NouvelObs.com, 22. Juli 2016.)
41 Konvertiten aus der Karibik oder Afrika sowie Mischlinge aus Frankreich, Großbritannien (dort muss man die Hinduistischen Konvertiten hinzufügen), Deutschland, Holland und den USA (Afroamerikaner) sind im Vergleich zu anderen Nationalitäten besonders häufig vertreten. Darin bestätigt sich ganz deutlich die »Islamisierung der Revolte«. Diese Leute haben gute Gründe wütend zu sein, aber für den Ausdruck ihrer Wut wählen sie das islamische Repertoire.
42 Marc Sageman, *Le vrai visage des Terroristes. Psychologie et sociologie des acteurs du djihad* (2004), Paris, Denoël, 2005.
43 Siehe Fethi Benslama, *Un furieux désir de sacrifice. Le surmusulman*, Paris, Seuil, 2016; Jean-Luc Vannier, »Dans la tête d'un djihadiste«, Causeur.fr, 25. November 2015; Raymond Cahn, »Les djihadistes, des adolescents sans sujet«, *Le Monde*, 8. Januar 2016.

44 Ein im Jahr 2008 erschienener Bericht des MI5 (britische Gegenspionage) merkt diese Tatsache an: »Sie sind alles andere als religiöse Eiferer, vielmehr praktizieren die meisten Personen, die in terroristische Aktionen verwickelt sind, ihren Glauben nicht regelmäßig. Vielen geht jede religiöse Bildung ab, so dass man sie als Novizen betrachten kann. Nur sehr wenige wuchsen in streng religiösen Elternhäusern auf, und es gibt unter ihnen einen großen Anteil Konvertiten.« (»MI5 Report Challenges Views on Terrorism in Britain«, *The Guardian*, 20. August 2008.)

45 »Isis Documents Leak Reveals Profile of Average Militant …«, loc. cit.

46 *Nouvel Observateur*, 20. April 2016.

47 »London Bomber: Text in Full«, News.BBC.co.uk, 1. September 2005.

48 Beim Prozess gegen einen franko-belgischen dschihadistischen Ring in Paris im Dezember 2015 behaupteten die Angeklagten, sie seien alle losgezogen, um an humanitären Aktionen teilzunehmen, aber im Verlauf des Prozesses stellte sich heraus, dass kein einziger von ihnen zum Roten Halbmond oder einer anderen NGO gehörte. (»Procès d'une filière djihadiste vers la Syrie: ›Sur place je passe du mythe à la horrible réalité‹«, Metronews.fr, 4. Dezember 2015.)

49 Siehe *Der islamische Weg nach Westen*, op. cit. Ich zeige dort, wie die Formen ideologischer Aufladung des Territoriums dem globalisierten Islam keinesfalls widersprechen, sondern vielmehr ein Ausdruck dieses globalisierten Islams sind. Der IS sowie alle anderen lokalen islamischen Emirate sind gute Belege für meine These.

50 Die Liste der Beispiele ist lang, etwa die »Testamente« von Abaaoud und Hadfi, die nach dem 13. November 2015 verbreitet wurden.

51 Amanda Taub, »Control and Fear: What Mass Killings and Domestic Violence have in Common«, *The New York Times*, 15. Juni 2016.

52 Eine ähnliche Querverbindung der Inszenierungen existiert schon bei al-Qaida im Irak, die, allerdings in einem Stil, der weniger dem des Gore entspricht, die Szene der Roten Brigaden, die Aldo Moro exekutieren, aufgriffen.

53 Simon Piel, »A Bosc-Roger, dans le sillage de Maxime Hauchard, bourreau présumé de l'EI«, LeMonde.fr, 18. November 2014.

54 Anwar al-Awlaki »44 Ways to Support Jihad«, op. cit.

55 »Ghoraba«, YouTube.com.
56 *Dabiq*, Nr. 3.
57 Eine tief greifende Analyse dieses »Nihilismus« der Dschihadisten findet sich in den Arbeiten von Hélène L'Heuillet, *Aux sources du terrorisme*, Paris, Fayard, 2009 und in ihrem Vortrag bei einer Soiree des Club Citoyens anlässlich ihres Buchs am 30. November 2015.
58 Alle Beispiele aus *Dar al-Islam*, Nr. 8.
59 David Vallat, *Terreur de jeunesse*, op. cit., S. 100.
60 Diese messianische Vision ist keine Spezialität des IS. Siehe das Referenzwerk von Jean-Pierre Filiu, *L'Apocalypse dans l'islam*, Paris, Fayard, 2008. Der hochoffizielle saudiarabische Verlag Darussalam vertreibt in einem Dutzend Sprachen das Buch *The End of the World, Signs of the Hour Major and Minor*, von Professor Muhammad al-Areefi.
61 Auch al-Areefi nennt den fraglichen Hadith, dass es nämlich ein Zeichen für das nahende Ende der Zeit sei, wenn die Sklavin ihre Herrin gebären werde, aber seine Interpretation lautet anders: Er zieht nämlich nicht den Schluss, die Wiederherstellung der Sklaverei sei für das Kommen des Weltendes zwingend (und der Übersetzer gebrauchte hier »Dienerin« anstelle von »Sklavin«).
62 Murat Fares, ein Rekrutierer für den Dschihad, der allerdings zur Al-Nusra-Front gehört, hat ein Video gepostet, das im Internet sehr erfolgreich war. Es heißt »Al-Mahdi et le second Khilafah«.
63 Das ist in muslimischen Ländern ein Nicht-Muslim, Angehöriger einer unter Schutz stehenden Offenbarungsreligion, dem bestimmte Rechte und Pflichten obliegen.
64 *Dabiq*, Nr. 8.
65 *Dar al-Islam*, Nr. 3.
66 »Saudi Twins Killing of Mother in Name of ISIS Sparks Religious Debate«, Haaretz.com, 5. Juli 2016. Wie immer muss man aufpassen, nicht auf die ebenfalls im Internet kursierenden Gerüchte hereinzufallen, aber einige Fällen, wie dieser hier, scheinen bewiesen zu sein.
67 *Dar al-Islam*, Nr. 8.
68 »Taqlid ist von Übel, weil man dadurch insgeheim einem anderem nachfolgt als Allah und seinem Gesandten. Das ist eine der Grund-

überzeugungen der »Irregeleiteten«, wie es auch Scheick Muhammad ibn ›Abd al-Wahhab gesagt hat: »Die Religion der Menschen der Dschahiliya fußte auf Fundamenten, deren wichtigstes der Taqlid war. Blinde Gefolgschaft ist die wichtigste Regel des Ungläubigen, vom Ersten bis zum Letzten« (*a.a.O.*).

69 Ich selbst habe in den 1980er Jahren insgesamt achtzehn Monate lang den Alltag junger afghanischer Mudschahedin unterschiedlicher Glaubensrichtungen geteilt, darunter traditionelle Hanafiten, Sufis und Salafisten; sie alle bemühten sich, die Zeiten der Gebete und des Fastens streng einzuhalten. Der Dschihad gab ihnen offenbar keinen Dispens von der Orthopraxie.

70 Nach einer Studie von Shpend Kursani, Wissenschaftler am Europäischen Hochschulinstitut in Florenz, Autor von *Report Inquiring into the Causes and Consequences of Kosovo Citizens' Involvement as Foreign Fighters in Syria and Iraq*, QKSS.com, April 2015.

71 William McCants und Christopher Meserole, »The French Connection: Explaining Sunni Militancy around the World«, ForeignAffairs.com, 24. März 2016. Natürlich ist die Analyse etwas vorschnell: Die Dschihadisten revoltieren nicht gegen die Laizität an sich (sie halten alle Formen der Säkularisierung für schlecht), aber für sie stellt die Laizität den Gipfel der Dekulturation des Religiösen dar; denn dieses Religiöse ist kein Bürgerrecht mehr, sondern nur noch ein individuelles Recht.

72 Siehe 1. Kapitel, »Dschihadismus und Terrorismus: Der Todeswunsch«.

73 David Vallat, *Terreur de jeunesse*, op. cit., S. 136.

74 Wissam Alhaj und Nicolas Dot-Pouillard, *De la théologie à la libération*, Paris, La Découverte, 2014.

75 Lauren Pearle, »School Shootings since Columbine: By the Numbers«, ABCNews.com, 12. Februar 2016.

76 Ausgabe 5 der Zeitschrift *Dar al-Islam* ruft einsame Kämpfer dazu auf, jedes mögliche Ziel eigenhändig zu attackieren, und beruft sich dabei auf den Mord an einem britischen Soldaten durch den Konvertiten Michael Adebolajo, der behauptete, er gehöre zu al-Qaida.

77 Dies ist Gilles Kepels These in *Terror in Frankreich*, op. cit.

78 Brynjar Lia, *Architect of Global Jihad: The Life of Al-Qaeda Strategist Abu Mus'ah al-Suri*, London, Hurst, 2007, S. 415. In diesem Buch

finden sich Übersetzungen der wichtigsten Passagen aus al-Suris Schriften.

79 Siehe *Dabiq*, Nr. 14.

80 Auf Französisch siehe Pierre-Jean Luizard, *Le piège Daech*, Paris, La Découverte, 2015; auf Englisch siehe William McCants, *The Isis Apocalypse: The History, Strategy and Doomsday Vision of the Islamic State*, New York, St. Martins Press (Kindle Edition), 2015 und Fawaz Gerges, *ISIS: A History*, Princeton (N.J.), Princeton University Press, 2016. Wir sollten nicht vergessen, dass eine solche Forschungsarbeit nur kollektiv geleistet werden kann und somit entweder die Bildung von Forschungsgruppen erfordert oder ein vernetztes Arbeiten, um das, was wir aus den verschiedenen Sprachräumen und ihrem jeweiligen Terrain wissen, bestmöglich auszuschöpfen. Ich persönlich gehöre einer Forschungsgruppe am Europäischen Hochschulinstitut in Florenz an (»Middle East Directions«), und ich bin außerdem Mitglied des Netzwerks »Radicalisation« unter der Schirmherrschaft des Maison des sciences de l'homme in Paris.

81 Fawaz Gerges, *ISIS*, op. cit, S. 88 und S. 226.

82 »Wir werden nicht in der Lage sein, die Bevölkerung auf der Grundlage eines Staates zu beherrschen, denn wir werden nicht alle ihre Bedürfnisse befriedigen können, vor allem deshalb, weil dieser Staat aus Enterbten bestehen wird. Außerdem fürchten wir zu unterliegen, wenn sich die ganze Welt gegen uns verbündet. Falls es dazu kommt, wird das Volk die Hoffnung verlieren und glauben, der Dschihad sei eine chancenlose Sache.« (Osama Bin Laden, zitiert von William McCants in *The ISIS Apocalypse*, op. cit, S. 936–938.)

83 Siehe das Interview des deutschen ehemaligen Freiwilligen Harry Sarfo, eines konvertierten Schwarzen, mit Rukmini Callimachi (»How a Secretive Branch of ISIS Built a Global Network of Killers«, *The New York Times*, 3. August 2016).

84 »Ähnlich wie al-Qaida auf der arabischen Halbinsel Angriffe auf die lokale Bevölkerung vermeiden soll, rät Bin Laden ihnen, »keinen Stammesangehörigen zu töten«. In seiner Vorstellung spielen die Stämme innerhalb des dschihadistischen Unternehmens eine zentrale Rolle beim Aufbau des Staates, der ohne ihre Unterstützung zum Scheitern verurteilt wäre. »Bevor wir unseren muslimischen Staat aufbauen, müssen wir die Unterstützung der mächtigen und

einflussreichen Stämme gewinnen«, schreibt Bin Laden.« (William McCants, *The Isis Apocalypse*, op. cit., S. 900.)

85 *Dabiq*, Nr. 3.

86 Hier greife ich Teile meines Artikels »La logique des recompositions au Moyen-Orient« wieder auf; für weitere Details siehe *Le Débat*, Nr. 190, Mai/Juni 2016.

87 Tareq Oubrou, »Croire que réformer l'islam va éradiquer la radicalisation chez les jeunes, c'est se faire des illusions«, *Le Monde*, 4. August 2016.

88 Romain Sèze, *Être imam en France*, Paris, Cerf, 2013.

Personenregister

Abaaoud, Abdelhamid
 (alias Abu Omar al-Baljiki)
 34, 46, 80, 86, 98
Abaaoud-Brüder 46, 60
Abballa, Larossi 80, 119
Abbé Pierre 103
Abdeslam, Salah 45, 50, 79
Abdeslam-Brüder 42, 46, 50, 59, 97, 98
Abrini-Brüder 46
Aggad-Brüder 46
Ait Idir, Stéphane 64
al-Adnani, Abu Mohammad 127
al-Assad, Baschar 128
al-Awlaki, Anwar 28, 73, 76, 83
al-Baghdadi, Abu Bakr 123, 125, 130
al-Banna, Hassan 17
al-Chattab, Ibn 76
al-Chidamat, Maktab 29
al-Faransi, Abu Omar 55
al-Jazairi, Abu Bakr 91
al-Qaradawi, Yusuf 91
al-Suri, Abu Mussab 76, 119f., 121, 123f.
al-Zarqawi, Abu Musab 122, 123
al-Zawahiri, Ayman 97, 117, 123, 125
Aronofsky, Darren 51
as-Sadat, Anwar 31
Azzam, Abdallah 28–30

Baader, Andreas 107
Bakraoui-Brüder 46
Baudrillard, Jean 21
Beghal, Djamel 33, 44f., 64, 120
Belhoucine-Brüder 46
Benladghem, Farid 45
Benladghem-Brüder 46
Benslama, Fethi 61
Bertho, Alain 18
Bin Laden, Osama 12, 17, 33, 97, 105, 119, 122–125, 130
Bons-Brüder 46
Bonté-Geschwister 46
Bouhlel, Mohamed Lahouaiej 41, 62
Breivik, Anders 111f.
Burgat, François 19, 21, 77
Cahn, Raymond 61
Carlos (Ilich Ramírez Sánchez) 105
Caze, Christophe 45
Chaldun, Ibn 29
Che Guevara 29, 106f.
Chérif, Peter 44
Choudary, Anjem 54
Chraibi, Hakil 60
Clain, Fabien 45
Clain-Brüder 46
Corel, Olivier 45
Coulibaly, Amédy 44, 74, 80, 118f.

Courtailler-Brüder 46
Cuspert, Denis (alias Deso Dogg, alias Abu Talha al-Almani) 51, 108
Dahmani, Ahmed 45
Dahmani, Mohammed 45
Dahmani-Brüder 46
Daoudi, Kamel 60
Dawod, Hosham 121
de Palma, Brian 51
Devji, Faisal 21
Drugeon-Brüder 46
Dumont, Lionel 77
El Khomri, Myriam 57
el-Aroud, Malika 48
el-Sanharawi, Mustafa 60
Farag, Abd al-Salam 27f.
Ghlam, Sid Ahmed 45
Granvisir-Brüder 46, 60
Hadfi, Bilal 42, 86
Hamel, Jacques 42, 80, 145
Hauchard, Maxime 60, 83
Henry, Émile 25
Ibn al-Chattab 76
Jones, Jim 112
Kelkal, Khaled 11f., 34, 41, 63, 86
Kepel, Gilles 19, 44, 57
Kermiche, Adel 42, 80
Khalfaoui, Slimane 44
Khan, Mohammed Siddique 47, 73, 89
Khosrokhavar, Farhad 32, 52
Kouachi, Chérif 44
Kouachi-Brüder 34, 41, 46, 74, 118

Laachraoui, Mourad 51
Laachraoui, Najim 51
Le Pen, Marine 102
Lia, Brynjar 121
Lindsay, Jermaine 47
Mateen, Omar 21, 64, 80
McVeigh, Timothy 111
Mehra-Geschwister 46
Mehra, Mohammed 12, 43, 45, 51, 74
Mohammed (Prophet) 31
Mohammed, Chalid Scheich 33
Mohammed, Omar Bakri 54
Mostefai, Omar 47
Mostefai, Omar Ismail (alias Abu Rayyan) 86
Mullah Afzal 132
Mullah Mansur 64
Mullah Omar 125
Oubrou, Tareq 146, 148
Padilla, José 120
Papst Franziskus 102
Pasolini, Pier Paolo 81
Qutb, Sayyid 17, 27, 31, 88
Reid, Richard 120
Rouillan, Jean-Marc 105
Sageman, Marc 60f.
Sèze, Romain 148
Sinowjew, Grigori 27
Sonboly, Ali 112
Taimīya, Ibn 17, 96
Thomson, David 40
Vallat, David 11, 46, 86, 105
van Gogh, Theo 43, 108
Vannier, Jean-Luc 61

Vogel, Pierre   108
Wilders, Geert   102
William, Brigitte   60

Yousef, Ramzi   33
Zarnajew-Brüder   46, 64
Zougam, Jamal   120

Sachregister

Action Directe 24, 105, 109, 151
Afghanistan 21, 29, 33, 64, 107, 122f., 126, 130f., 136
Ägypten 70, 134
Alawiten 125
al-Nusra 117, 126f.
al-Qaida 14, 17, 28, 30, 34, 44f., 65, 73, 76, 82f., 87, 91f., 97, 108f., 111, 113, 117–119, 120–126, 131, 134, 136, 142, 145
Apokalypse 79, 86–89, 93
Attentäter 11f., 21, 31, 39, 41, 45, 60, 63, 110, 120
Bangladesch 16, 60
Bataclan 11, 23, 25, 33, 42f., 46f., 64, 105, 107, 119
Beaumont-sur-Oise 143
Belgien 101
Boko Haram 131f.
Bosnien 45, 64, 75, 77, 107
Boston 64
Brigate Rosse 109
Brüssel 45, 51, 101
Bürgerkrieg 59, 77, 118, 121, 128, 141, 144f.
Buttes-Chaumont 44
Charlie Hebdo 33, 41, 43f., 61, 119, 145
Christen 23, 72, 93, 95, 102, 122, 128

Christentum 18, 119
Columbine 61, 83, 110
Dabiq 51, 71, 82, 87, 89, 128, 130
Damaskus 77
Dar al-Islam 71, 82, 87
Dekulturation 20, 99–105, 132
Deradikalisierung 61, 150f.
Deutschland 40, 50, 108, 127
Dhaka 74f.
Dschihad 11, 25–31, 33–35, 40, 44f., 48, 51, 56, 59f., 64, 70, 75, 77f., 80, 82, 84f., 93f., 106f., 121–123, 125, 127, 129, 131, 136
Dschihadismus 11–13, 19, 24, 26f., 29, 48, 69f., 90, 92, 100f., 132, 142
Dschihadisten 12, 21, 23, 27, 29, 33f., 40, 49, 60, 63, 65, 70, 72, 76f., 88, 94, 97, 99f., 103, 110, 123, 130, 142
Falludsch 29, 122f.
Familialismus 48
FLN 11, 24, 75
Frankreich 40f., 43f., 55, 59, 61, 63, 104, 106, 109, 120, 127, 149
Frauen 33f., 48f., 50, 65, 82f., 87, 93f., 98, 145, 151
Fundamentalismus 17–20, 99, 101, 104

171

Gaza 21, 23, 76
Gefängnis 41, 44f., 52f., 150
GIA 63-65
Globalisierung 19f., 99, 102, 109, 131f.
Großbritannien 40, 42f., 54, 65, 126f.
Hamas 23, 77
Hidschra 30, 49, 78, 85f., 93, 130
Hisbollah 23, 32, 77, 108, 134, 136
Hizb ut-Tahrir 27, 126
Ikonoklasmus 13f., 48, 78
Imame 54, 104, 146-149
Immigranten 18, 42, 52, 104, 148
Indonesien 70
Inszenierung 79, 81, 88, 110-112, 117
Integration 52, 58f., 142, 149
Irak 16, 63, 75, 78, 121-125, 128, 130-132, 135f.
Iran 14, 32, 63, 77, 108, 133-135, 144
Islam 18f., 22-26, 28, 30-32, 46, 51f., 55f., 65, 69-71, 74f., 83f., 86f., 90-92, 97, 100, 104-106, 112f., 124, 128, 131, 133, 141-147, 149f.
Islamischer Staat (IS) 12-17, 23, 30, 34, 40, 43-45, 48, 61f., 64f., 69, 70-100, 106, 108f., 111, 113, 117-137, 141-146
Islamisierung 18, 20, 57, 122
Islamismus 105f., 108
Israel 23, 26f., 63, 77, 122, 136
Jemen 16, 28, 44f., 118, 132
Jordanien 122, 129, 134
Juden 72, 76, 119f.

Jugendkultur 13, 46, 50, 52, 83, 126f.
Kairo 45
Kalifat 14f., 22, 27, 69, 72, 80, 83, 88, 91, 117, 123, 125f., 128f., 137
Konvertiten 12f., 21, 22, 33, 40f., 45-47, 56f., 58, 60, 75, 99, 101, 125
Koran 11, 17, 26, 28, 90, 96
Kurden 121, 125, 129, 135
Laizität 103f., 149f.
Libanon 106, 122, 129, 134
Libyen 21, 29, 134
Linksextremismus 11, 53, 106
Linksradikalismus 108
London 43, 47, 52, 73, 120
Madrid 43f., 120
Maghreb 12, 100, 104
Maghrebiner 42, 100, 101
Magnanville 119
Marokko 52, 149
Marrakesch 63f.
Marseille 60
Märtyrer 12, 74, 79f., 89
München 112
Muslimbrüder 31, 54, 97, 121, 126, 144
Muslime 15, 21, 25f., 28f., 32, 42, 55f., 59, 75-78, 84, 87, 90f., 93, 96, 98, 104, 107, 112, 120f., 124f., 128, 130, 134, 141-147, 150
Naher Osten 12, 16-19, 23, 25, 33, 63, 77, 121, 124, 126, 133f., 136, 141f., 144
Nihilismus 16, 85, 89, 109
Nizza 43, 60, 119, 143

OAS 24
Orlando 21, 61, 64, 80
Pakistan 101, 131f.
Palästina 75f., 107, 134
Paris 40, 60f., 80, 121
PKK 135
PLO 27
Propaganda 31, 46, 73, 111, 126
Radikalisierung 15f., 18–22, 39, 41f., 46, 50f., 53f., 56, 58, 61–65, 69, 71, 99, 103f., 118, 121, 146, 150
Radikalismus 12, 58, 101, 103, 108, 146
Religiosität 19, 42, 50, 55f., 71, 97, 146
Russland 136
Saint-Étienne-du-Rouvray 119
Säkularisierung 19, 71, 102–105, 109, 150
Salafismus 15, 19, 21, 53, 69, 90, 92, 98f., 105, 132f., 142, 147, 149
Salafisten 15, 21, 69, 73, 90f., 94, 96, 97–100, 110, 123, 134f., 149
Saudi-Arabien 16, 70, 133–135
Scharia 82, 85, 92, 97f., 126, 132
Schiiten 32, 77, 93, 121–124, 129f., 133, 135, 144
Selbstmord 12, 15, 22, 31, 94
Selbstmordattentate (-anschläge) 11f., 14–17, 19, 24f., 31–34, 95, 126
Spanien 78
Stade de France (Paris) 42
Straßburg 44, 120
Sunniten 32, 122, 128f., 133, 135f., 144
Syrien 23, 34, 40, 45f., 51, 77, 80, 87, 89, 91f., 97, 101, 119, 122, 124–128, 130, 132, 134–136
Jarmuk 23, 77
Taliban 21, 64, 126, 131f.
Tamil Tigers 25
Terrorismus 11, 14–19, 23–25, 28, 31, 51f., 54, 58f., 62, 69f., 80, 105, 127, 129, 143
Terroristen 11f., 23f., 32–34, 39–44, 47, 50f., 53f., 58–63, 73, 77, 79f., 83, 85, 90f., 97, 120, 127, 142f., 145
Todeswunsch 11f., 14f., 17
Toulouse 43, 45
Tschetschenien 75, 107
Tunesien 70, 144
Türkei 12, 16, 135, 149
Ummah 75f., 79–81, 84, 95, 107, 109, 124–126, 133, 141, 146
USA 40, 43, 50, 64, 65, 83, 110, 120, 136
Villejuif 45
World Trade Center 110, 117, 120